德国哲学谈话录

Deutsche Philosophie Ein Dialog

[法]阿兰·巴迪欧 让-吕克·南希 著
[德]扬·沃尔克 编 蓝江 译

东方出版中心有限公司

图书在版编目（CIP）数据

德国哲学谈话录 /（法）阿兰 · 巴迪欧，（法）让-吕克 · 南希著；（德）扬 · 沃尔克编；蓝江译. — 上海：东方出版中心，2021.11

ISBN 978-7-5473-1907-9

Ⅰ. ①德… Ⅱ. ①阿… ②让… ③扬… ④蓝… Ⅲ. ①哲学-研究-德国②哲学-研究-法国 Ⅳ. ①B516 ②B565.5

中国版本图书馆CIP数据核字（2021）第214365号

上海市版权局著作权合同登记：图字09-2021-0937号

德国哲学谈话录

著　　者　[法] 阿兰 · 巴迪欧，[法] 让-吕克 · 南希
编　　者　[德] 扬 · 沃尔克
译　　者　蓝　江
责任编辑　陈哲泓
装帧设计　徐　翔

出版发行　东方出版中心
地　　址　上海市仙霞路345号
邮政编码　200336
电　　话　021-62417400
印 刷 者　上海盛通时代印刷有限公司

开　　本　890mm × 1240mm　1/32
印　　张　3.5
字　　数　49千字
版　　次　2021年12月第1版
印　　次　2021年12月第1次印刷
定　　价　39.80元

目录

中译序：一场不可能性的邂逅

当我写下这段文字的时候，本书的作者之一，曾经的斯特拉斯堡大学哲学系的荣休教授让-吕克·南希刚刚离我们远去，让余下的这篇文字成了并非悼念的悼念。

让-吕克·南希和阿兰·巴迪欧，可以算得上当代法国哲学界的两位重量级人物，前者出生于波尔多，后来就读于巴黎一大，之后任教于法国东北部毗邻德国的斯特拉斯堡，后者出生于殖民地的摩洛哥，二战后长期成长于法国南部的图卢兹，后来师从法国马克思主义大师阿尔都塞，并任教于巴黎高师哲学系。这两位思想家都经受了二战后法国思想的洗礼。在二战之后初期，影响法国哲学的是所谓的"3H"，即黑格尔、胡塞尔和海德格尔这三位德国哲学家。虽然我们不能说法国哲学直接承袭于德国哲学，但在二战后的法国哲学中，德国哲学的确占据着非常重要的位置。

起点是黑格尔的引入。20 世纪 30 年代，来自俄罗斯的科耶夫在巴黎高师为法国人讲授黑格尔，尽管科耶夫的黑格尔只涉及《精神现象学》的部分，但在这片只熟悉笛卡尔、斯宾诺莎或者部分康德的土地上，黑格尔以一种很神奇的面貌登上这片六边形的国土。法国人一下子被科耶夫的讲座所吸引，根据记载，当时参与科耶夫课堂的名人包括萨特、拉康、梅洛-庞蒂、巴塔耶、福柯、德桑蒂，以及后来成名的德里达等人。然后是巴黎高师的校长伊波利特翻译了黑格尔的代表作《精神现象学》，或许这是《精神现象学》的第一个法语译文。不过，正如后来巴迪欧嘲弄伊波利特的译本的时候说，一位德语非常差劲的教授用自己的理解方式重新赋予了《精神现象学》新的生命；换言之，巴迪欧想说，伊波利特显然将《精神现象学》存在主义化了，用法国存在主义的观念在一定程度上改编了这本名著，以至于大家现在读到的法语版《精神现象学》需要分成两个，一个是伊波利特版的，一个是后来忠实于德语原文翻译的。但这就是法国哲学的特殊现象，正是由于科耶夫略带加工的黑格尔讲座（科耶夫最大的“贡献”，或许就是将著名的“主奴辩证法”变成《精神现象学》的核心）以及经伊波利特加工的《精神现象学》法译本，二战后初期的法国形成了一股德国哲学热潮，胡塞尔、海德格尔、舍勒等德国哲学家正是以这样的方式被引介进法国。在这股热潮中，不乏忠实于原本德国哲学样貌的介绍（如列维纳斯、米歇尔·亨利等人的工作），但也有那种带有自由洋溢的气质，按照自己的法式秉性加以改造的德国哲学（如巴塔耶对黑格尔的理解，还有萨特的存在主义，等等）。

战后法国哲学的这一系列现象，无非说明了，我们很难在法国哲学和德国哲学之间作明确区分，而且进行这样的区别，也不应该成为我们今天研究当时的欧陆哲学的目的。笔者只想强调一点，作为本书作者的巴迪欧和南希，实际上是在这样的背景下成长起来的，当 2016 年他们二人接受亚历山大·加西亚·杜特曼的邀请，前往柏林艺术大学进行这场对话，而且主持人让·沃尔克已经明确地说明，想让两位法国哲学家谈谈德国哲学时，两位哲学家都不约而同地感到了一丝尴尬。在今天欧陆哲学的背景下，让法国哲学家去谈德国哲学实际上是有一定困难的，他们不像分析哲学可以在欧陆哲学的方法论之外，用手术刀式的逻辑分析和语言分析来解析康德的概念、黑格尔的句式，因为德国哲学和法国哲学虽然有差别，但是两者之间并没有那道牢不可破的马其诺防线，对于身处阿尔萨斯大区、会说法德双语的南希教授就更是如此了。正如南希教授在对话开头就强调的一点，他所身处的阿尔萨斯，也正是都德写《最后一课》中提到的阿尔萨斯-洛林地区。从18世纪到今天的德法两国的历史，这个地区几经易主，而在一战之前，这个名叫斯特拉斯堡的城市还说着德语。按照南希自己的说法，他的父亲长期住在德国的巴登-巴登，而南希小时候基本上都是在德国度过的，说的也是德语，只是在二战之后他们一家才搬到法国，并在法国上中学。在这个意义上，当巴迪欧和南希开始对话时，南希就挑明了话题，他们两人“一个更法国，一个更德国”。

正是这样的情况，让这场在德国举办的对话具有了前所未有的复杂性。按照主办方的设计，即按照让·沃尔克的说法，他期望听到的是两位法国哲学家口中的德国哲学是什么样子的。但是，一开始的对白已经让沃尔克的计划落空一半，因为两位对话者根本没有打算从他们民族国家身份的角度来谈德国哲学问题，他们虽然在对话中提到了一系列德国哲学家的名字，如康德、黑格尔、马克思、阿多诺、海德格尔，但他们对这些名字的讨论，仍然囿于两位哲学家自己的思考和脉络，也就是说，如果我们仔细阅读这篇对话，不难发现，巴迪欧和南希两位哲学家仍然囿于自己的话语体系在谈话，与其说他们谈论的主题是德国哲学，不如说他们仍然在展现他们二人在哲学和思想路径上的根本差异。

那么二人究竟有什么样的差异呢？我们可以分开来看看两位哲学家的不同的思想脉络。

巴迪欧的老师是阿尔都塞，但是在 20 世纪 70 年代，和朗西埃等人一样，他与老师也分道扬镳了。他反对阿尔都塞的原因和朗西埃的不一样。朗西埃不喜欢阿尔都塞的反人道主义，也不喜欢阿尔都塞的科学和哲学的区分。而巴迪欧的原因恰恰相反，他在阿尔都塞这里获得了他很想获得的东西，即从形式科学（最典型的就是数学）去思考无限的可能性，从 70 年代以来，如何利用数学模式来思考存在问题，一直都是巴迪欧思考的核心。1988 年的《存在与事件》更是将数学本体论作为他哲学问题的方法论基础，他批判了海德格尔的诗性阐释，也就是说，海德格尔和晚期维特根斯坦都代表一种现代的智术，是一种局限在有限思考范围内影射无限的方式，诗性语言和话语本身是有限的，无论如何隐喻和影射，它不可能是真正的无限，所以，巴迪欧转向了数学，转向了他认为的真正的形式观念。不过与分析哲学不同的是，巴迪欧的数学和语言分析的目的并非是对既定的陈述给予确定性的回答，而是如何用数学语言，尤其是后康托尔的集合论的语言去描绘不可能性的存在。即便在2006年的《世界的逻辑》一书中，巴迪欧曾短暂地重新回到有限性的现象学（他认为这种现象学的基础正是黑格尔的《精神现象学》），但在2018年出版的“存在与事件”系列的第三本著作《真理的内在性》中，巴迪欧再次明确了他的哲学的目标是寻找与现实现象无关涉的真理形式，即在对话中巴迪欧反复提到的“无关性”（indifférence）问题。

因此，我们可以看到巴迪欧的哲学态度。在《法国哲学的历险》一书的序言中，巴迪欧将历史上的哲学分成三个哲学时代。第一个时代是古希腊的哲学时代，其代表人物是苏格拉底、柏拉图、亚里士多德等古希腊众哲人。第二个时代是从康德经由费希特、谢林，直到黑格尔的古典哲学时代，这个时代是现代哲学的奠基。而第三个时代则短得多，指的是20世纪后半叶以来的法国哲学时代，从萨特、梅洛-庞蒂等人开始直到巴迪欧本人的时代。巴迪欧认为，这三个哲学时代不是一个连续性关系，而是在不同历史背景下生长出来的“蘑菇”，因为不同的哲学家面对不同的思想问题，因而也产生了对哲学问题的不同思考。

巴迪欧坚信，他所处的法国哲学时代，完成了对德国古典观念论的克服，而在巴迪欧本人面对康德、黑格尔甚至海德格尔时，都带有这样的信念，即在他的数学本体论之下，或者说，通过数学架构了一种无关性的形式，从而可以让之前不可能的东西成为可能。比方说，正是由于虚数概念的发明，让方程 $x^2+1=0$ 有解。同样，正是数字平台技术，让我们今天可以实现各种各样的数字在线交易、数字社交、网络课程等等。简而言之，对于巴迪欧而言，重要的不是事件的发生本身，而是在发生了事件之后的真理程序的架构，这种架构让不可能的事物在新的架构上成为可能。

让-吕克·南希的思想则经历了完全不同的道路。尽管南希的导师是保罗·利科，但对他触动更大的思想家却是德里达，他自己回忆说，正是在阅读了德里达的《声音与现象》之后，他才真正感受到了哲学的触动。也正是通过德里达，南希后来继续阅读了大量黑格尔的作品，如《精神现象学》和《逻辑学》，也可以说，南希的思想发展正是以德里达和黑格尔作为参照系的。南希多次强调了《精神现象学》的末尾，有一句经过黑格尔改写的席勒的名言："看到他的无限性翻起了泡沫，溢出这精神王国的圣餐杯。"[①] 还将这句话视为自己的座右铭。在本书的对话中，南希也再次提到这句话。南希究竟如何理解黑格尔的这句话呢？我们知道，在黑格尔的《哲学百科全书》的体系中，他试图用一种观念和辩证法来囊括整个世界历史的逻辑，试图穷尽所有的无限性。无论他的历史哲学、自然哲学、美学、宗教哲学，都是试图建立一套完整的体系。但是，《精神现象学》作为黑格尔的早期作品，他在完成这本书的推论之后，突然写到"无限性翻起的泡沫"，在南希看来，无论黑格尔做出怎样的努力，他不免要遇到一个障碍，在每一次穷尽无限性的背后，总会飞溅起新的泡沫，也就是说，真正的穷尽是不可能的，世界历史的逻辑不在那种完备性的规律之中，而是在这些飞溅的泡沫之中，这些泡沫，在南希这里，代表的就是不能被整体逻辑和观念所把握的偶然性因素，正是泡沫的存在，让试图穷尽一切的逻辑和观念不断的延宕，永远只能是一种即将来临的延异（différance）状态，显然，在这背后伫立的一个伟大的形象就是德里达，德里达将一种具有幽灵色彩的黑

① 参见黑格尔，《精神现象学》，先刚译，北京：人民出版社 2015 年版，第 503 页。

格尔传递给了南希，这正是南希后来的《黑格尔：否定性的不安》一书的主题，因为在南希这里，黑格尔不是一种大全式的体系哲学家，他代表着否定性的飞沫，代表着无法完全被整全的逻辑和话语，被确定性的法则所把握的东西，那么否定性开启了的是游荡（errance）的命运，它不是向命运的返回，而是不断开启新的历程。

在这里，我们不难理解为什么在讨论海德格尔的问题时，南希会如此强调意义（sens）。相比巴迪欧更喜欢从纳粹的政治角度和阿多诺批判的“海德格尔的存在论黑话”角度出发，南希看到的是意义角度，他甚至说“海德格尔是第一个将不可能引入到哲学中的人物”。我们可以做个简单的连接，南希实际上将无限性的泡沫、否定性、游荡性和海德格尔的不可能性放在同一条线索上，而这条线索的核心就是意义。法语中的意义（sens）并不是英语中的meaning，在南希看来，sens在于让不可能的关系在特定的偶然性情境中实现，一旦实现这种情境，意味着创造了新的意义，而海德格尔的事件（Ereignis）正是让那些毫无关系的元素，在特定的情形下构成了具有关联性的意义，即不可能之物的存在。那么，对于南希来说，意义在于向不可能性的敞开，它不是被整全逻辑和规则所限定的意义，而是在无限的游荡中，通过否定性实现的新意义的连接。也正是在这个意义下，生命摆脱了宿命论和决定论，而生命的意义就在于向真正无限的意义敞开。

如果理解了巴迪欧和南希思想路径的差异，我们便不会简单地认为这场发生在柏林艺术大学的对话，仅仅是两位法国哲学家谈论德国哲学的对话，或者认为一位更法国、一位更德国的哲学家在德国哲学的观念上的差异。在他们二人的对话中，有一条主线贯穿着他们对康德、黑格尔、马克思、阿多诺、海德格尔等人的讨论：什么是无限？什么是不可能性？我们何以面对真正的不可能性？巴迪欧给出的是形式论的回答，即在事件之后，我们需要一种无关性的形式，来重新架构世界上的各种多，各种元素、各个部分，乃至整个世界。我们可以将巴迪欧的回答视为不可能性的形式主义，他不认为不可能性发生在物质和生命层面，他曾经在《世界的逻辑》和《真理的内在性》中批判的民主唯物主义，就是坚持只有身体和语言，就是陷入了这种有限性的藩篱，无法真正走向无限。那么走向无限的不可能性的唯一途径就是数学形式架构，通过创造出新的数学形式或本体论形式，让不可能性得以被理解、感知。

南希坚持的是泡沫原则，基本上他认为，所有的不可能性是建立关系的不可能性，因为没有各个元素在其中的互动、结合和发酵，便无法在现实的话语和逻辑层面上展现出来，我们可以将南希的不可能性称为实在论的不可能性，他实现不可能性的方案就是在开创性事件中，如海德格尔的 Ereignis，让新的意义可以产生。南希十分赞同海德格尔的说法，即世界就是去产生意义（Bedutsamkeit），这种产生意义不是接受预先给定的意义（Bedeutung），而是在敞开的世界中去获取新的意义。一旦新的元素结合，形成关联，我们便获得了意义。那么世界的构成就是不断敞开，不断形成新的连接，不断产生新的意义的过程。

因此，这就是巴迪欧和南希最后指出，他们俩的区别在于无关性和意义之间的区别，也就是空洞的形式（如巴迪欧提到的集合论上的空集）和产生意义的事件之间的区别。这是两种试图超越有限世界，指向无限的不可能性的不同途径，一种根源于拉康的精神分析和阿尔都塞的结构主义，试图在空的框架下不断地重新制造无关性的架构；另一种则立足于尼采、德勒兹等人的生命论，让生命的力量流淌在不可能性的世界里，从而获取意义。所以，无论是《精神现象学》，还是马克思的实践，以及海德格尔的此在，都成为他们二人无限性方法论差异对垒的场所。这是一种披着德国哲学外衣的形式论和实在论之争，也是虚构的法国哲学与德国哲学之争，毋宁说，这是一场幽灵式相遇，两个哲学的魔法师用各自方式，试图让不可能性撕开固化而内卷的此在世界的裂缝，让我们可以在他们各自的发言中管窥到不可能性的空间。他们的对话，不纯粹是诗性的不可能性，不是色诺芬的远征，也不是策兰的踽踽而行，更不是马拉美的骰子一掷，而是两种观念的邂逅，在两人的相聚的火花中，我们偶尔瞥见了无限世界的绚烂多彩的镜像。

* * *

本书能够出版，尤其感谢东方出版中心的陈哲泓编辑，正是他的热心帮助，才让我私下做的翻译有机会面世，也感谢陈编辑为译稿进行认真而详尽的编辑校对，同时感谢华东师范大学的吴冠军教授、姜宇辉教授、王嘉军教授，北京大学的李洋教授，中国人民大学的李科林教授对本书给予的帮助。译者能力有限，在译稿中还有诸多不完善之处，在此表示，责任一切都在译者本人，也恳请各位方家的海涵。

蓝江

德国哲学谈话录

谈话人：阿兰·巴迪欧

让-吕克·南希

扬·沃尔克

时间：2016 年 1 月 30 日

地点：柏林，德国

编者按

下面这场对话发生在2016年1月30日，这是柏林艺术大学（UdK）一次学术会议的一个环节。首先要感谢阿兰·巴迪欧与让-吕克·南希先生接受了我们的邀请，参与这次内容宽泛的讨论，也感谢他们对最终成稿的校对。他们也同意对两个进一步的问题进行回应（关于阿多诺和关于哲学的当代性），整个内容都包含在下面的文本中。这次会议是由德国研究基金会（DFG）赞助的。最后，特别要感谢亚历山大·加西亚·杜特曼（Alexander Gaicia Düttmann）先生，他在促成这次对话的过程中扮演了十分关键的角色。

扬·沃尔克（Jan Völker，下面简称沃尔克）：我想从一个寻常问题开始。对于你们俩来说，德国哲学在你们的著作中都扮演了十分重要的角色，正如哲学的时效性问题，即哲学对当下介入的时效性问题。你们如何评价法国和德国之间的哲学关系？

阿兰·巴迪欧（下面简称巴迪欧）：在我看来，哲学是以非连续的方式存在的。我相信有若干不同的哲学时代。连续性的观念或传统，终归是学院派的观念。至于人类是哲学的动物，或哲学始终存在且无处不在——这些观点是当代新闻界的陈词滥调。各个哲学时代是不连贯的，但我们可以在历史上去定位各个时代。当然，存在着伟大的古希腊哲学时代，紧随其后，还有伟大的阿拉伯哲学时代。17世纪有法国的时代，滥觞于笛卡尔、马勒布朗士、斯宾诺莎、莱布尼茨——即便莱布尼茨是德国人，而斯宾诺莎是佛兰德犹太人。在17世纪末和18世纪初，有一个英国哲学时代，代表人物有洛克、霍布斯、休谟。还有一个德国哲学时代，即我们所熟知的德国观念论传统，有康德、费希特、谢林和黑格尔。对我来说，20世纪有一个法德哲学的时代，主要是围绕着现象学建立起来的。它开始得很早，先是胡塞尔，之后是海德格尔，在法国有萨特，他在二战前去了柏林，之后还有梅洛-庞蒂。我们今天看到的，或许我在这里冒个险，我认为这是法国时代的结尾——或者就像美国人说的那样，“法国的痕迹”（美国人更多地是对这些哲学进行学术普及）。如果我们仔细看看，这或许是一个法国—斯洛文尼亚的时代——不要忘了齐泽克及其追随者们。我说过，这个时代肇始于现象学，尤其是与海德格尔有着复杂关系的德里达、拉库-拉巴特、南希和利科。通过法国结构主义，尤其是以拉康和福柯为代表……坐在你面前的两个人也是这个流派的两个晚期代表——两位幸存者。

所以，什么是法国的哲学时代？它始于法德时代，然后直到它在美国开始代表法国时，就越来越法国化。我相信，这是一种在我所谓的新地方来建立哲学的尝试。目的不仅仅是在学术圈子里来强调哲学，而是用一种非常有活力的方式让哲学与它的外部联系起来，用文学、绘画、电影、数学、精神分析来滋养哲学，也像德勒兹所做的那样，为尼采、柏格森的生命论注入新生命。这样，所有这些思想家都试图为哲学建立起全新的批判地位，并与政治紧密联系。当然，还有一些不同的哲学潮流。有德里达的解构主义，有利奥塔的后现代主义，还有斯特拉斯堡学派，如拉库-拉巴特和南希。还有些个体的成果，如我自己，我很愿意将自己的工作描述为一种新古典主义。总而言之，在20世纪30到60年代，法德之间的哲学关系经历了一个巨大交流和相近似的过程，或者这个时期更长——非常值得注意的是，它包括了第二次世界大战时期。

我们现在在哪里？我要说的是，我们或许在这个时代的结尾。我们不知道将走向何方。一般意义上的哲学的命运非常不确定，尤其是法德哲学的关系。事实上，对我来说，今天哲学的状况的问题，正如反映在法德关系中，将取决于你们——我的意思是，鉴于我们进行的这场讨论的地点，将取决于你们这些年轻德国人，当然，还有那些对哲学有兴趣的年轻法国人。

在我结束之前，我还想补充说，在很长一段时间里，我都十分希望德国与法国的融合。我并不是欧洲的捍卫者。说到底，如果没有俄罗斯、没有土耳其，如果只执着于对其昔日帝国伟业的防御性的和相当非创造性的关系，那么欧洲是什么？不，我想看到的就是法国和德国的融合。一个国家，一个统一的联邦，两种主要语言——这很有可能。法国是一个老迈的国家，被历史重负所压垮，毫无理由地缩水了，变得自负了。另一方面，德国是一个非常不确定的国家。它不知道自己是什么，它拼命地找寻自我，并一直如此。如果我们将法国和德国融合起来，我们就会终结老迈的法国，并赋予德国真正的青春。那么哲学到时会是什么样的？好吧，我想它就是法德式的哲学。或许这是所有哲学时代中最光辉荣耀的岁月。这就是我的当代神话。

让-吕克·南希（下面简称南希）：首先，这里有一个悖论。我们在讨论法国和德国的哲学，或者是先知阿兰的法德哲学，不过我们都是法国人——好奇怪呀！但或许没有看上去那么奇怪，因为我认为我们俩之间有着某种几乎不可见的微妙的东西，这就代表着法国同一性的形式，不过它也代表着一种差异，一边是“更法国”，一边是“更德国”。我不知道你是否同意这一点，但是……

巴迪欧：我更法国，你更德国？

南希：更？为什么不呢（Warum nicht）？我不知道。无论如何，我可以沿着你刚才概括得非常清楚的历史路径来前进，但我要添加点东西，同时稍稍改变一下这条线索。例如，你说“尽管发生了战争”，我倾向于认为不是“尽管发生了战争”，而是“因为发生了战争”。换句话说，事实上，在战争期间，法国哲学越来越德国化，因为科耶夫将黑格尔引入法国，还有巴塔耶和海德格尔的亲近关系（这个关系很少有人知道，但确实存在），以及很多其他因素。我认为，随着一战的爆发（这是第一次巨大的冲击波，欧洲的终结随即开始），德国哲学传入了法国，从而导致了法国和德国的哲学交叉，这并不是巧合，而直到那时，奇怪的是很少人知道这一点。并不是缺少沟通的渠道，而是最终这些观念很少得到传播。于是，二战时期，大量的德国哲学家离开了德国，与此同时，在战后甚至战争期间，德国哲学的出走带来了法国哲学的振兴。

不过，我认为我们也可以在你概括的哲学史线索中来进一步追溯这些现象。我们还可以说，通常意义上的伟大的德国观念论——顺便说一下，还有德国的浪漫派——与法国形成了对比，因为法国发生了革命，而德国没有。德国没有革命的基础，这恰恰是因为德国还不是德国。从康德到荷尔德林，至少到黑格尔，德国哲学家们通过他们各自的道路，是在没有革命的情况下，或参照了其他国家的革命，或处在迎接革命的过程中（他们的革命是思辨革命而不是政治革命）来思考他们自己。这是一个经常会有人评说的现象。我认为它触及了思想本身的某种东西。仿佛正是因为德国没有统一，而法国长期保持统一（一直统一到今天，我完全同意你的说法，因为法国太老旧了，所以它才步履蹒跚，苦难深重），德国仅仅在思想上发展（费希特、谢林等等），那时候德国尚未成为一个国家。不过另一方面，法国大革命事实上就是一场哲学运动。它涉及将整个思想模式加以实现，付诸实践，而在德国，人们至少感觉到在一场革命的假说面前，它有点羸弱无力，或者与革命保持一定的距离。我在这里不得不看下康德，一方面他延长了每天散步的时间，了解革命的新闻，另一方面，他宣布我们没有权利去颠覆当权者。所以，若这里有什么东西很重要的话，那就是法德关系长期以来便是哲学关系。你说得非常对，我们当然必须把英格兰也包括在内，但事情会变得更复杂，因为英国发生的事情在政治经济状况中也扮演了重要角色，哲学的更替也发生在这个背景下。

在这里，我不想进行详细分析——这是另一个问题——但在这次碰面之前，我扪心自问：当谈到德国的时候，我心中浮现出来的重要特征是什么？在德国哲学激活了法国思想的时候，德国哲学从根本上作了什么贡献？我想说，或许在德国哲学中出现了某种东西——某种已经在康德那里出现但不明显，逐渐在黑格尔、谢林、荷尔德林以及之后的海德格尔那里变得越来越明显的东西——我们知道，这就是有一种先在的哲学言说的观念，即哲学的言明，这种言明的模式（若你喜欢，也可以叫哲学的声音）出现在所说的话当中。如果我们在这里用“言说”与“被言说”这对概念为例，而不一定会谈到列维纳斯，我们注意到，在笛卡尔以及革命时代的意识形态哲学家之后，法国哲学更喜欢采用有点中性的话语和言说模式来谈论对象。而德国的思考一开始就沉浸在语言之中。莱布尼茨首先宣布了德语是思考哲学最好的语言，但德语尚未完全成熟。没有一个法国思想家说过类似的话。后来我们也看到海德格尔谈过德语的优势。那么，我会说，在法德关系中——与你谈的不太一样，但你与我说的有所重叠——德国元素更多地在所说的东西中言说，这也意味着哲学话语就是本身、就是行为，本身就已经是某种东西。当然，这并不意味着哲学就是彻底的实践，但哲学本身也是一种实践。在这方面，你忘掉了一个人，这个人就是马克思！呵，你故意的！顺便说一下，马克思是第一个英法德哲学家。或者毋宁说，在马克思那里既有一种操纵对象的伟大话语，又有一种言说和意志的声音，想要被人们听到，想要发出一个呼吁，给一种特别的感觉，从而惊天动地。

巴迪欧：但马克思没那么德国！或许他甚至都不是一位哲学家。不管怎样，我们先把马克思搁在一边吧。

沃尔克：南希先生，在讨论革命和观念论的问题时，你谈到了康德。我想进一步追问一下这个线索。对你来说，巴迪欧先生，似乎康德是一个有限性的哲学家，你对康德的评价并不高呀。不过，我们或许可以想象一下康德对整体存在的驳斥、知识和真理的区别（知性和理性的区别），以及他将观念理解为规范观念，或许这些东西在你的作品中有十分重要的影响。至于你，南希先生，人们或许想用同样的方式来追问康德传统对你的影响。你写过关于康德的论文，但后来，在你的作品中，海德格尔和黑格尔这类名字更为重要。我总想问一下，你是否准备描述存在运动中的一个断裂时刻，在每个关系中都存在的断裂时刻（就像断裂一样，它不属于存在），正如康德指出的那样——包括实践运动也是如此。

巴迪欧：的确，我不喜欢康德。我尊重他——他特别顽强，特别细致——但尊重和喜欢不是一回事，在伟大哲学作品这个可怕的不连贯领域中尤为如此。我很不喜欢康德，首先是因为我不喜欢“理性的局限”这个问题。就《纯粹理性批判》而言，我不喜欢严格意义上的批判目的，这种批判界定了纯粹理性的局限，认识理性的局限。我自己坚持认为理性，包括最纯粹的理性——也就是说，数学理性——是没有界限的。其次，就《实践理性批判》而言，我不喜欢绝对律令的概念。我并不认为有纯粹的、类似于绝对律令那样的东西，而这个东西会从一开始就奠定了道德的普遍性。当然，我认为存在着律令，这些律令是多元的，它们关联于特殊的处境和事件。但这些律令的范围，它们的材料，它们所需要的主体性，依赖于支撑着它们的世界。就《判断力批判》而言，我不喜欢去区分美与崇高，这是所有德国观念论的浪漫性质的完美象征。

那么，我们或许可以认为，最终在康德那里，至少官方化的康德（他们会将康德简化为几句口号）那里，根本没有什么东西是我喜欢的。不过，在《世界的逻辑》中当我谈超验性的时候，我也不断地被迫去与康德对话，用他的术语，例如，我经常参考各种版本的康德序言、导论和研究。

坦白说，我与康德的关系暧昧不清，我可以总结如下：在整体上，他是一位哲学家，他的哲学方略无法吸引我。换句话说，我不喜欢他的批判规划。他认为在公认的（笛卡尔式）"独断论"和真正的（休谟式）经验主义之间，可以找到一条理论上否定的，而实践上崇高的道路，这个观念无法让我充满热情。与此同时，当然我很赞赏康德代表着一个断裂，一个过渡，一个新的现代性，一项令人景仰的成就。这让我想起社交圈子里的某些人，我很敬佩他们的坚韧和精细，但我实在受不了他们的固执。这就是我对康德的基本看法——他是最固执的哲学家。

南希：除了有天他出去获得革命的新闻之外……

巴迪欧：有那么一天！就是那一天，发生了奇迹中的奇迹，康德歇斯底里了！无论如何，有三种哲学家：歇斯底里的、固执的、偏执狂的。康德是最固执的哲学家。我当然属于偏执狂型：绝对、系统，等等。不过，无论如何，对我来说，康德的伟大几乎就是难以置信的固执的伟大。康德也想将他的固执——他固守界限，绝对的固执，他超级固执于律令，他固执于此与彼的微妙区分，他发明了一整套晦涩难懂的词语——变成全新的无法回避的哲学著作。但日常生活中的固执实在令人无法忍受。想象一下跟康德一起生活会是什么样的！

南希：除了他的仆人之外，没有人跟他一块生活！

巴迪欧：没有人能跟他一起生活——或许这是绝对不可能的。但你知道，一位没有人能跟他一起生活的哲学家是个大问题！或许他也警告过别人不要跟他一起生活。对于笛卡尔和黑格尔，你会感觉到，即便面对他们那些最晦涩难懂的概念建构，你也能跟他们共度一个夏天。跟康德在一起，这完全不可能。这就是康德的固执主体性的最恶劣的方面。不过，另一方面，在这些固执的架构和方略问题之外，这位高贵稳重和有着坚韧意志的教授，既是最特别的研究伦理的代言人，又被这种伦理折服。

但我意识到，我在这里所谈的康德有点脱离了德国问题。不过对我而言，德国问题——你之前指出了原因——

只能晚些出现，因为只有透过对德国本身作为独立而统一的国家，作为世界强国的真正历史反思，才能出现真正的德国。这等于是说创造了一种历史浪漫主义。当然，康德对法国大革命的崇高使命抱有极大的热忱，但这并不是他理论的核心。这种热忱出现得较晚。

现在，这个关于有历史重要性的行动问题——是的，你是对的，这是个很大的问题，事关并应该包含马克思——哲学家的参与问题，是关于人民命运的问题，也十分清楚地浮现出另一个大问题："什么是德国?"对这个问题的不同回答，或多或少等于说德国是新希腊，德国是思想的家园，德国是哲学的王国——所有这些都是民族主义和自恋狂式的宣言。但与此同时，他们的确有些新东西，他们将历史问题带入哲学中。这样，他们开启了对欧陆历史命运的普遍性思考。

但对我来说，康德是一个特例。他先于法德问题，并没有直接提出思想上的历史、语言、政治的前沿问题。这就是为什么我与他的关系十分暧昧，不像与黑格尔那么清楚，我认为黑格尔是哲学史上最重要的三四个人之一。对我来说，与德国哲学的鲜活的具体关系始于康德之后。

南希：我可以同意你关于康德不太德国的说法——是的，他首先是普鲁士人。普鲁士和德国，是完全不同的两回事，无论普鲁士在德国诞生方面明显扮演着多么重要的角色。但我完全不同意你的其他说法！

巴迪欧：我希望如此！否则事情变得太无聊——太无聊！

南希：你说你不喜欢康德。我理解，康德不太可爱，他不是令人欣喜的伴侣。这也是因为他并不是真的用德文写作，他会经常用他所谓的官话写作。他崇拜中世纪的老旧陈腐的拉丁文，他喜欢学究式的语言……在康德的拉丁文中，有很精妙的东西，也有很陈腐的东西——之后康德完全意识到了这一点。他会抱怨没有语言来解释他所思考的东西，这样的哲学家是为数不多的。他希望有一位诗人，来做他所不能做的事情。在他的第三批判（《判断力批判》）中有一个段落讨论了崇高艺术作品的可能性，他指出了三种可能的形式：教谕诗、诗文中的悲剧、演说。当他谈“教谕诗”的时候，我敢确定他所想的是卢克莱修。碰巧，卢克莱修也是启迪了很多哲学家的诗人，正如柏拉图对话的启迪一样——例如，黑格尔说我们不再像古希腊人一样写对话集，因为我们不再拥有他们伟大的模范。所以康德至少注意到他的言说并不充分对应于他想说的东西。

所以，这是一方面。另一方面，你说你不喜欢理性的界限。但我必须要提出抗议！阿兰，康德没有理性的界限呀！纯粹理性的界限——那个界限是《单纯理性限度内的宗教》的界限——是拒绝了康德所谓的宗教热忱（Schwärmerei）的理性界限呀。但在这个计划之外，康德希望设立一种宗教，不会堕入这种宗教热忱中，他是第一位承认理性是由冲动（Trieb）驱动的哲学家，在弗洛伊德之后，我们将这个词翻译为法文的 pulsion，尽管长期以来这个词被翻译为本能（instinct）。推动我们前进的就是康德所谓的无条件的东西。不过，那就是巴迪欧你呀！为什么不呢？我不知道你在这里反对什么，在我看来，你简直就是传统的康德解读的受害者，或许是新康德主义的受害者。对于康德而言，理性的界限，即《纯粹理性批判》的主要对象，在于我们能从理性划分出所谓的知性（Verstand）。在《纯粹理性批判》中，我们当然可以有这样的印象，即纯粹要求理性摒弃形而上学认识的诉求。但你能确定这就是你反对的东西吗？那么自我、世界、上帝——所有这些东西都要接受批判。但这种做法的意义何在？对我而言，他开启了整个现代性，因为在于这样的说法：在这里不再是知识对象的问题。我知道你或许——有些反感……

巴迪欧：我当然感到不安！

南希：但说这不是呈现在对象知识秩序中的知识对象问题，并不意味着康德后来的工作不包含在他的《纯粹理性批判》中，或者不包含在他对二律背反的解决中，或者尤其是他后来的两大批判，特别是第三批判。康德所有进一步的工作都试图去思考在对象之外，在我们知识的对象化之外，还有什么东西可以思考——我会说，或许就是在真实的名义之下的思考。你没有提到这一点，但对于康德而言，一边是现象，一边是物自体，仿佛物自体在某处隐匿了自身。现在我相信——并不是我自己，而且基于在他的时代到我们时代之间的对康德的许多解读，特别是海德格尔的解读——物自体就是对物的架构——一旦物被架构，它便存在着：这就是存在。当我重读康德的时候，甚至当我通过巴迪欧你来重读他的时候，如果你愿意，我也十分相信存在的架构从一开始就是多元的。在我们对现象的感知之后，并不存在物自体。对上帝存在的证明的残余物所得出来的——这个证明仍然认为理性是纵情于幻象的攻击的基础——就是万物的纯粹存在，而这个存在必然是多元的。康德遗著残篇中的某些段落也问，我们如何确定这一切不是一场梦。理性就是我们可以言说的东西——它在那里，存在着真实（il y a du réel）。我不喜欢夸张，但在这里我要稍稍夸张一点点，要说康德是第一位存在主义者。在本质上，他的全部工作都是存在主义——但也正因为你的批判让我思考得更深入一些……

巴迪欧：别客气！

南希：我想说，也正是由于康德，在伟大的古典理性主义时代之后——笛卡尔、斯宾诺莎、莱布尼茨，或许还有后者影响下的其他人——以最原始也最奥妙的方式提出了这个问题，按照他所说的冲动（Trieb），去寻找无条件的东西、万物的理由，仿佛它知道它找不到这个理性。它知道如此，是因为最终只能在康德所谓的整个理性体系的基石，即自由中找到它。对于康德来说，自由不是古典自由意志的自由：正如他所说，这是一种开启新的一系列现象的自由。那么这种自由也与历史有关。所以，当你这样说的时候，我很好奇："对我来说，只有后来有了历史之后，德国才能出现"，也是因为哲学上有了康德，历史才会出现。他有许多关于历史问题的文章。就这样吧，这就是我的康德。

巴迪欧：好吧，有点不一样的！我只能说：我所想的是能够被绝对地认识的一切。如果你让我把中国带入到法德之争，毛泽东有一句话说得很漂亮："我们能够学习我们原来不懂的东西。"[①] 康德不停地解释为什么不可能了解。即便当他确定通往真实的一般原理之后，即真实不能被还原为物自体隐含的部分和无法触及的部分，这也是明显被知识所排斥的痕迹——你不可能假装不是吧。

南希：他称之为信念（Glauben）……

---

① ［译注］《毛泽东选集》第四卷，北京：人民出版社 1991 年版，第 1439 页。

巴迪欧：这就是我所说的东西——是的，知性的界限，理性的界限，一般合理性的界限。也就是在这里，他回到古典的前批判的领域，我给出了反题：最终，一切都是绝对可知的。

南希：但你自己有时候也谈到某种东西——至少有一种东西，如果这种东西不是物自体的话——你相信这种东西必须存在，也有能力存在，但你不知道那是什么。你起了一个名字——你或许称之为共产主义，或者是圆满存在的可能性，即让非存在得以存在的可能性……我心目中还想到一些表达，但我手上没有书。我相信这就是你所想的！巴迪欧版的“我相信”是什么？

巴迪欧：我相信一切都是绝对可知的！你的反对意见是，我知道有很多我们不知道的东西，这并不是一个真正的反对意见。我并不认为我们绝对已经知道了一切！我主张知识的公理就是我们可以知道一切。存在着我不知道的东西（Nicht-Erkanntes）和尚未认识的东西（Unerkanntes），但严格来说没有任何东西是完全不可知的。

南希：那你的“知道”是什么意思？

巴迪欧：好吧，我的老师柏拉图会说，我们会有一长段题外话（Langer Umweg）……

南希：但我们有时间呀……

巴迪欧：好吧，还是以康德的物自体概念为例。从这个角度来看，所有基于这个观念（即存在着物自体）的科学需要在一般存在的纯粹客观层面来思考，它不过是多样性可能形式的一般体系。现在，多样性可能形式的一般体系就是我们可以用数学来研究的东西，所以，我们会知道它的。无论你给我提什么问题，我都会向你给出关于它的可能知识的迹象。

我并不是说这种知识已经完全展开了，它已经达到了绝对状况，如果我们将绝对理解为大全（ALL）的话。但这总是有可能的。只要我们开始说存在着“某物”，我们不了解其真实本质，我们就进入了蒙昧主义——我承认这里有一个非常危险的存在观，按照这种存在观，我们必须容纳现存的事物，并与这些事物一起存在，但我们既不知道也无法理解它们。

现在我认为在许多当代诉求中都有这种存在观。当我们国家的总理说，对某事物的解释就已经在给它辩护（是的，他是针对2016年11月在巴黎发生的恐袭来说的），这等于是说：如果你想解释这些可怕的事情，你实际上已经试图去为这些东西找托辞了。他说：解释就是想要知道，要理解，这已经就是托辞了。这是一个流传很广的看法。要从哲学上击败这种看法，就需要我们肯定，这种陈述就是蒙昧主义的陈述，是一种任性的说法。我们必须普遍地坚持如下命题，即我们需要对所发生的事件的真正认识。康德，和英国经验主义一样，他们都支持这个命题的反命题，即我们受限于我们的认知能力，因此存在着完全不可认识的东西。当然，现在我们可以从其他角度来读康德，如我们从实践理性的概念出发去解读康德。但我们不能忽视如下事实，即在对他的"批判"思想的通俗解读的基础上，有人经常拿康德来支持如下命题，即存在着绝对不可知的东西，这种不可知的东西更为重要，因为它与既存的物自体是一致的。

南希：但是，即便对康德而言，这并非言说不可知之物的问题，而是在对象架构形式下的不可知之物的问题，你知道，就是根据伽利略和牛顿模式，对物质进行实验操作得出的对象的问题。从这种知识角度出发，康德希望绝对地排除形而上学对象，即上帝、永恒自我以及作为总体的世界。所以，他绝不是说存在着绝对不可知的东西，他毋宁是说，这里是另一种知识的问题。当然，现在他并没有那么做，最终他说的是理性及其对象之间的不同关系的问题。一方面，这种关系——用康德的话来说——采用了他的第二批判中的形式，即你不喜欢的绝对律令的形式，即便绝对律令不过是理性拘泥于自身，将事物的存在变成事物其所是，通过这种方式，所有的行为都可以被认为是普遍的自然规律。对康德而言，这就是将我们自己放在没有上帝的上帝位置上。另一方面，在第三批判中，有一个思考目的的问题，我们称之为终极目的，仿佛我们的确将它们视为目的，尽管我们知道——这实际上是我们唯一知道的东西！——思考是没有目的的！为什么？因为人类是一种有目的的存在者。所以，不能简单地说：一方面有已经知道的东西，另一方面有不可知的东西。

沃尔克：让我再来扮演挑衅者（Agent Provocateur）。

随着我们对界限问题的讨论，我们触及了总体性的问题，在某种意义上，黑格尔是与康德齐名的：对你们俩来说，黑格尔都是一个关键人物。我在这里想问你们俩的问题是：要思考否定性问题，需要何种程度的体系？引用一下让-吕克·南希作品里的说法，“否定性的躁动”（这也是引用黑格尔自己的表达），而对于你，阿兰，仍然根植于黑格尔体系的大写的“一”（Un）中，那么，黑格尔的问题——是否可以在大写的“一”的体系之中来思考否定性？这是否必要？是否不可能做到？

南希：黑格尔是通过作为运动的否定性，正如他说，通过运动，大写的“一”就是对它自己的否定，或者通过运动，存在被理解为“缺少精神的关系”，直接升华了自己。在某种意义上，存在着非常简单的东西——几乎接近于无——但在这个虚无中，有一个运动，一个活动，黑格尔斥责康德没有思考过这一点。在《信仰与知识》中，他说康德树起了一座令人钦佩的雕像，由于这座雕像的血管里没有血液，所以它不得不崩裂。那么，对我来说，黑格尔的否定性就是运动。即便存在体系，它也并不一定是体系的运动。我没法反体系，但我在这里必须再一次引用康德，他说过体系是活生生的存在物，它们彼此相辅相成。我同意：没有一个思考是不成体系的（即它并没有形成一个整体）。由碎片组成的思考，这意味着什么？尽管如此，体系并不是一个既定的建筑。我知道，对你而言，这就是从原理推出来的建筑，它会让我们将一切都置于各种原则下。但反过来，对我而言，黑格尔同样是反体系的（尽管不太完全），甚而是——我不知道怎么称呼它——超体系的？超体系不断地将自己体系化。只要我们开始谈黑格尔，立马想到的就是《精神现象学》的最后一页，那里引用了一段席勒（经过改动的）："看到他的无限性翻起泡沫，溢出这精神王国的圣餐杯。"（Aus dem Kelche dieses Geisterreiches schäumtihm seine Unendlichkeit）[①] 巴迪欧先生，你那里难道也没有一点儿泡沫吗？《精神现象学》最后一句话翻起的泡沫，不是来自"大写的他"，而是来自圣餐杯。真理有总体性，但这个总体性证明了总体性不是一个封闭的总体性，而是一个将翻起泡沫作为自己无限性的总体性。

---

① 中译参考了先刚翻译的黑格尔《精神现象学》（北京：人民出版社 2015 年版，第 503 页）。

此外，在我的研究中，黑格尔的确非常重要，因为一次偶然的邂逅或偶然机会，我在法国遇到了一位满怀激情讲授黑格尔的人物。最后，我还要说的是，对我来说，和谢林以及其他人一样，黑格尔代表着当代哲学中非常缺乏的某种东西，缺少在自然哲学（Naturphilosophie）时代里众所周知的东西。当然，自然哲学的观念在今天看起来有点好笑。例如，黑格尔向我们给出了万物（及其所有元素）的意义，解释光是什么，固体是什么，气体、矿物、蔬菜、生物等是什么。但这种自然哲学也是一种让万物发声的方式，或者用言说（parole）贯穿所有事物的方式，似乎对我来说，这就是哲学希望去做，也必须去做，尝试着去做的事情。所以，黑格尔那里有两种东西：运动以及让万物发声。

巴迪欧：我首先想说的是，我真的只喜欢过三位哲学家：柏拉图、笛卡尔和黑格尔。对我来说，这就是我对哲学史的系统总结。我与黑格尔的关系完全不同于我与康德的关系。我喜欢黑格尔，真的。我喜欢他，甚至喜欢你刚才提到的他的那些疯狂的元素。他试图得出行星的准确数量，将其作为绝对的属性之一。这很冒险，只要发现这个数量之外的行星，立刻就会被打脸。通常情况下，你希望他的整个体系会因此而崩溃，因为黑格尔体系中没有纯粹的局部，其中的诸多部分都有普遍的内在关联，如果黑格尔关于行星数量的讨论是错误的，他或许在其他部分也是错误的。但直到今天，我喜欢所有他的一切——我喜欢的理由就是你给出的理由。因为我喜欢那种运动，即你所谓的让哲学（说得更宽泛一些，就是“语言”）贯穿万物的运动，这也是我看待事物的方式。但无论我多么喜欢黑格尔，真正让我不会从黑格尔的思想来看问题的原因，就是他狂热地追求穷尽，他对百科全书式列举的不厌其烦的热情，他渴望指出我们已经——或者至少他已经——处于接近所有可能的意识形式的总体性的时刻了，例如，他并没有为那些即将来临的不确定因素留下任何实在的空间。黑格尔试图穷尽直接感性和绝对认识之间的所有的主体性的形式。你也说过，他对自然也是如此——穷尽所有定在的观念。所以，我感觉到了一种闭环，这个闭环插入了否定的分散和创造过程的核心——并不仅仅是以预先给定的总体性的形式，而是一种综合的实现，一种圆满的道路来实现这种否定。是的，黑格尔真的认为哲学是一条圆满的道路。说到底，绝对精神一开始就伴随着我们，黑格尔可以给出这个主体化的漫长过程的不同阶段，最终在意识的新开端之中吸纳了这条道路。正如黑格尔用一种非常特别的方式概括说，绝对之物最终会消除自己的绝对性。不过，我们仍然会认为，这种终极绝对仍然没有改变如下事实，即我们穷尽了所有的可能的主体化的形式。所以我认为尽管对于这种总体化的观点会有各种各样的反对意见，但在黑格尔那里，这种观点仍然在两个方面十分有意义：终结就是在绝对知识可能性的范围内我们意识形式的终极命运，最终它也扬弃了之前的几个阶段。如果我们以艺术为例，艺术的终结不能被解释为所有艺术活动的终结——完全不是这样——而是作为揭示精神力量的艺术必要性的终结。自从古希腊艺术终结以来，事实上，它作为绝对的历史形象的地位已经不复存在。也正是在这个基础上，黑格尔说，艺术是一个过去的事物。在这里，已经达到了我的黑格尔主义的极限，尽管如此，我的黑格尔主义还是很宽泛的。

至于其他的东西，如否定性的运动，黑格尔从一个事物向另一个事物过渡的非凡感觉，他那不可思议的历史解读（他的历史解读颇有点才华横溢的小说风格），在每个环节给我们制造悬念，在一个看似是全球性的决定过程中引入戏剧性的事件转折，但与此同时他也犯下了不小的错误（尽管这些错误无关痛痒），还表现出一种没有根据的极端的蔑视（我们可以忽略这一点）——他的所有东西都有一种观念式美感。我同意你的说法：他行文结构的表现形式十分引人入胜——我们可以肯定，这就是黑格尔的创造，带有一种准美学的特征和一种真正的语言力量，尽管他不避讳那些夸张的术语，但也不会让他的文章有丝毫逊色。黑格尔的语言是永不褪色的文化瑰宝——其中最好的证明就是，每当我们要翻译黑格尔的作品，最终都不得不落回他的德文原词。

正因为这些理由，黑格尔是我的一道重要的地平线，因为他是真正的否定性的思想家——不是阿多诺那种消极厌世的否定性，而是一种积极肯定而富有创造力的否定性。黑格尔是一个创造发明家，一个具有活力的思想家——他具有那些最激烈的、活跃的、神奇的概念，尽管他的表述有些太过术语化，但这些术语具有化腐朽为神奇的力量。这就是为什么他看似是我们的同时代人：除了他对真实和可能的穷尽的想法，在我看来，他的其他东西都十分当代。

南希：首先，值得注意的是，无论我们谈康德还是黑格尔，我们都不能像对待当代人一样来对待他们。我们必须要跟随在他们之后，我们要重读他们。让我感兴趣的是，你刚才说："我不喜欢康德，我喜欢黑格尔。"然而，我说喜欢这个或那个，并不是感情问题，而是接受问题。我知道，我是经过很多阅读的中介才来说这番话的，如果没有科耶夫——或者说，在科耶夫之后，如果没有巴塔耶或其他人，如德里达，我不会与黑格尔有什么关系。首先，我们并不是在哲学超级市场里买东西，我们俩现在在2016年，我们采取了不同的角度，尝试用不同方式去看所发生的一切，看是什么产生了我们。

其次，穷尽。在这里，我不太肯定，因为绝对知识无非是精神通过不同形式的回归历程。黑格尔并没有说，所有这些东西在他的时代已经完结。当然，他认为还有些东西在生成过程之中，他认为这种生成会在国家形象中得到圆满。事实上，在国家中他看到了两种圆满，我认为其中一种是非常敏锐的：很明显，黑格尔最先指出国家不仅仅是对市民社会的管理，而是他所谓的伦理理念（sittliche Idee），这并不意味着是"道德"观——尽管我认为这个词翻译为法文是 l'idée morale——而是一种行动中的伦理理念。通过对他的时代的历史再现，这种行动中的伦理理念具有了君主立宪制的形式。出于王朝纲领的缘故，君主制实际上通过偶然的自然人（黑格尔十分坚持这一点）来实现某种观念，而这个自然人仅仅签署了他的名字而已。不过，在君主的签名背后，其基础就是黑格尔所谓的伦理理念的奥秘。他说，哲学是能思考国家高贵性的唯一位置。当然，你现在可以将它解释某种穷尽，但实际上对于黑格尔来说，它代表着真正的政治就是哲学的超政治或超级政治，我们或许可以说，只要出现了能更好地体现行动中的伦理理念的东西，国家就会消失。我的意思是说，在黑格尔那里，总会有某种东西处在打破可能性的穷尽的过程中，如偶然性。君主的个人是偶然的，黑格尔在其他地方还有一些例子，谈到了偶然性的不可或缺的特征。在《百科全书》中有一个部分，他攻击某个人，名字我忘了，说："某某要我演绎出我用笔写作的必要性，这简直荒谬之至！"所以，无论是君主还是我的笔的问题，都不是用演绎得出的东西，一切事物都不会走向穷尽的体系。我不想说，存在着一个走向穷尽的趋势。但黑格尔不仅仅在《精神现象学》末尾走向了飞溅的泡沫，在《百科全书》末尾也是如此，他引用了亚里士多德，他说精神自己愉悦着。事实上，或许黑格尔是第一个思考无限快感（jouissance）的思想家[1]，一开始，他就是属于那个以娱乐为特征的时代。黑格尔追随着斯宾诺莎，他与斯宾诺莎有很多共同点，即便斯宾诺莎称之为快乐（joie），这词与 jouissance 是配对的。在黑格尔这里，快感——它与飞溅泡沫的联系，并不是巧合——恰巧就是无法停下来的东西，它不会穷竭自身。你谈到到达终点，某种行将就木的东西，在一篇你批评我的文章中，你提到"天使的快感"——然后你又说，"要小心，它们的结局都是一样的"。我并不反对你的说法：无限快感是有限的。有限可以无限地开启自身。我要说，黑格尔谈到的快感，就是他对同精神的外部之间的关系的命名——用他的话来说——这恰恰不是自己穷竭自己，它不可能达到它的终点。但达不到自己的终点，同时就意味着无限的圆满。那什么是无限的圆满呢？这就是我向你提出的问题。

巴迪欧：无限的圆满直接与如下事实相关，即绝对就

① ［译注］让-吕克·南希在翻译夏洛特·曼德尔（Charlotte Mandell）的《快感》（*La Jouissance*）一书的译者序中提到，快感一词"决定了一种占有物的完整的无穷无尽的用途，这种占有有两方面的含义（或圆满，或耗散），将快乐带上一个高度"。在后面的对话中，这些内涵都具有重要意义。

是它自己道路的主体。所以，在黑格尔那里，从主体化角度来看，无限就是它自己的道路。在一个实体范围内，没有包含任何东西。泡沫是这样的事实：精神已经触及了绝对知识，现在它可以在其主体化维度来沉思总体，给总体的各种形式注入活力。可以肯定，在封闭的意义上，没有什么是“圆满”的，这个闭环会拒绝任何更深入的考察，但那里还是存在可能性穷尽的问题。

除此之外，我也想对阅读作一些方法论上的评论。我阅读一些作者，尤其是哲学上的奠基者，比起你要更为天真一些。我非常严肃地思考了他们对自己的所作所为的说法。你说不断地解释会改变那一切。但并非如此，他们并没有改变哲学家们的清晰断定，即他们的计划事实上是什么。你不能否定，即便你不同意，黑格尔的规划的确穷尽了所有历史可能性。你不能否定，绝对就是对塑造其道路的所有“形式”的主体化追忆。你不能否定——正如你刚刚所说的那样——黑格尔是在普鲁士官僚体制下看到了国家明确的、绝对的特征，等等。现在，正如我的看法，这就是个体哲学家全部的必要独特性。这从内部证明了，他们的所有力量，他们的所有伟大，都在于他们有能力从既确定又不稳定的历史材料中提炼出某种程度的普遍性。倘若我们“纠正”或抹除了他们作品中的无数的偶然性，这些哲学家的伟大就会大打折扣。我们不需要纠正任何东西。

南希：不必去纠正，但我们别无他法呀！只因为存在着历史，因为我们在历史上是后来者。我完全同意你的说法，我们必须知道我们想做什么——如果我们真的想去读黑格尔，我们就必须知道为什么要读黑格尔，因为我们不会在任何时候都需要重读黑格尔。如果我们想要读黑格尔，想确定黑格尔到底讲了什么，那么你就是绝对正确的。但是这也意味着我们必须在黑格尔自己的时代里去理解他——就是我之前所说的时代，那个时代德国还没有成为现代化的国家，就像法国一样。这就是一回事。但在今天，无论如何，我们很难这样去读黑格尔，就好像我们也生活在19世纪的转折关头一样。

巴迪欧：这完全不是我的意思！我想和朴实的读者一样去朴实地读黑格尔，我想怎么读就怎么读——这就够了！这就是我看待伟大哲学家的看法。顺便说一下，我很愿意像我对待柏拉图[①]那样去对待所有这些哲学家，去重写他们。

南希：看看吧，我不是要烦你，最终你要说："我接受了柏拉图的东西，并完全重写了柏拉图"，好吧，这是另一回事……

巴迪欧：是的，我完全重写了柏拉图，基于我所说的有效而朴实的阅读，我看到的就是我用古希腊文阅读他所说的东西。这绝不是精妙复杂的解释学，包括说：最终，黑格尔或许想要说……或者，真的不是那样……或者，我们现在知道，由于某人的解读，黑格尔完全不是我们所认为的那样……或者，我们知道对黑格尔最朴实的解读，也就是黑格尔自己的看法，我们尚未触碰到……事实上，我每一次攻击黑格尔，你就会拿出黑格尔的主张——和康德一样——说："我的好兄弟，这些攻击也不太公正呀，因为他这样说的，因为他的时代的缘故，的确，如果他知

① ［译注］巴迪欧这里指的是他用现代的方式重写了柏拉图的《理想国》，中文版以《柏拉图的理想国》为题出版，河南大学出版社 2015 年版。

道，他会说出不一样的东西。”你也把黑格尔现代化了，但你的目的是保卫他。

南希：是的，我把他现代化了，但并不是为了说：“这就是他真正所说的东西。”不，我说的是：“在很多东西之后，这就是现在……”

巴迪欧：一样的，你说的是：“他或许说的是……”

南希：好吧，所有人都有软弱的时候。我受到了情绪影响，不仅仅是情绪吧，还有一个连续的运动——历史的运动——你说过，这导致了法国和德国，以及与其他国家之间不停地交换和交叉。所有这些都构成了历史。现在，马克思——早前，我理解你想把马克思排除在讨论之外，但我也坚持一下——马克思说，哲学家并不是地上长出来的蘑菇。所以你不是蘑菇，我也不是蘑菇，甚至不能确定我们是不是哲学家……不，是的，我们得承认这一点。哲学家——和艺术家、学者以及其他人一样——是时代的产物。什么是“时代”？这是一个特殊的时刻——有时间的节奏，所以有某些时刻，一些东西会有特定的形式。

巴迪欧：所以他们真的是蘑菇！复杂的蘑菇！

南希：你说是就是！我经常想，因为马克思在这里有一点点不太对——他似乎认为蘑菇是自发长出来的……

巴迪欧：你正在谈蘑菇的真理……

南希：无论事实如何，蘑菇都只能长在某些地方。例如，我们知道牛肝菌不可能随便生长。蘑菇生长要有某些条件，要有光，湿度，等等。在这个层面上，马克思搞错了，更好的说法是，“哲学家好像不是从天上掉下来的”。那么问题是：如果哲学不是碰巧出现了一系列高光时刻——为什么是康德？为什么是黑格尔？好吧，康德出现是因为出现了批判时代——批判时代有很多标志性事物，如德国的狂飙运动、法国的卢梭——在整个批判时代里，问题在于撼动理性表征的主流体系。而黑格尔……好吧，那是另一个故事了。

哲学家是由他们的时代产生的，而且他们作为时代的产物，还需要承载着思考他们的时代的任务。这恰恰就是黑格尔自己所说的——当一种生命形式日落西山时，哲学才会降临（密涅瓦的猫头鹰只会在傍晚起飞）——但我感兴趣的是，黑格尔说哲学用灰色涂抹出它的灰色，最终，整个事情非常悲凉。对于黑格尔来说，这太悲凉了，因为正如他在《美学》中提到，我们的时代（即他的时代）失去了生命的色彩。那么，他是第一位这种形式的思想家……我不是说衰落，那种形象离黑格尔太远了，但如果你喜欢，可以说他是穷尽的思想家，因为你所说的穷尽意思是，达到终点，或者进入暂停状态。灰色就是缺少颜色。的确，黑格尔喜欢在他周围看到五彩斑斓的颜色。所有哲学家都是一个症候。所以，你说我现代化了，但这并非我干的——通过海德格尔和德里达，我可以从黑格尔那里牵出若干个他自己都没有得出的线索，这也不是科耶夫自认为能得出的线索。

沃尔克：到目前为止，有个名字一直通过缺席而在场，那就是马克思。让-吕克先生，你曾经将马克思描述为一个强大的机器，它试图衡量那个时代的整个场域，也展示了资本主义如何以快感的形式来生产越轨。至于你，阿兰先生，马克思主义（而不是马克思）是共产主义假设第二序列的核心所在，但你也说了，我们现在处在与马克思写作《共产党宣言》之前的类似处境。那么，从哲学和当代视角来看，马克思引入哲学的实践差异，在多大程度上是今天还缺少的？那么，这个问题涉及马克思的缺席。或者说，马克思只是标志着哲学内部的一个差异吗？

巴迪欧：是的，对我而言，很难将马克思直接描述为一位哲学家。坦白说，我也不太认为弗洛伊德是哲学家。我认为在他们二人那里，都涉及如下事实，即他们的思考都走向了具体实践。不是“实践一般”，“实践一般”毕竟是一个概念，而是一种具体实践。马克思使用了哲学关联或哲学资源，但他的目的绝不是去写一部哲学著作，而是去参加他那个时代的阶级斗争，吸取19世纪40年代的革命失败的教训，创立和引导工人的国际协会，而所有这些都建立在政治经济学批判的基础上。此外，我们知道，马克思也批判了一般意义上的哲学。于是他说，哲学家们只是用不同的方式解释世界，而问题在于改变世界。正如他看到的那样，这需要一次决裂。现在，在我看来——无论这是共产主义国际以及所有相关的革命实践问题，还是精神分析执业和对治疗的定义问题——在这两种情况下，他们谈到哲学仅仅是为了进行建构，去创造出一种独特的、有组织的、条理化的实践，我们需要发明一种特殊的指称。因为严格来说，并没有哲学实践。无论是革命还是精神分析的治疗，都不是哲学实践。事实上，哲学的存在，就像艺术一样，无非是与专名相连的伟大独创性著作的展示而已。而哲学家就是创造出了经得起时间考验的哲学著作的人。所以我宁可说马克思那里有哲学，但大可不必说马克思是一位哲学家。这意味着很难对马克思进行哲学讨论，因为我们不可能像讨论黑格尔、康德、笛卡尔甚至柏拉图那样去组织对马克思的讨论。我想说，对于弗洛伊德、拉康、列宁等也是如此。对于所有这些著名的思想家而言，哲学因素是服务于他们独创的严格规定的目的，而这个目的本身是超哲学的。

当然，我们现在可以问问，我们如何来看待马克思或拉康对哲学提出的那些判断。坦白说，我认为马克思《关于费尔巴哈的提纲》的最后一部分的至理名言并不十分准确。说哲学家“只能解释世界”并不是对哲学的公正评价。哲学的概念工作本身并不仅仅是解释世界。它或许与这个任务有交集，但它不等于解释世界。对世界的解释毋宁是建构神话、宗教、理智等等的本质。哲学从根本上是理性的，并奠基于科学——尤其是数学——于是，概念工作绝不仅仅是解释工作。哲学是一套独特问题的体系，在我看来，这套体系的核心是如下问题：是否存在普遍价值——如果存在，普遍价值如何可能？其他哲学家会以其他方式来谈这个问题，但他们谈论问题的不同方式绝不是对世界的“解释”。那么，哲学家的确不会给出政治意义上改变世界的方案。他们或许会触及这一类行为，但这不是他们的真正目的，就像给出对世界的解释一样。所以从解释世界到改变世界的变化，似乎对我来说，有点不得要领。为什么？因为这是出于政治论战而作的判断，在论战中，马克思一方面针对老年的、固执保守的黑格尔主义者，另一方面针对费尔巴哈，（因为费）他没有进行阶级分析。

那么总结一下，我强调两点：首先，马克思并不是严格意义上的哲学家，即便他使用过哲学；其次，他对于哲学的判断，以及在哲学内部造成了彻底决裂（在某种程度上，这就是阿尔都塞的说法），在我看来，这个判断并不太恰当，事实上他在哲学史上也没有造成任何彻底决裂。

南希：我只能赞同你最后说的话。但我对其他一切的解释会与你大相径庭。我同意，无论我们怎样定义哲学，马克思都不是一位真正的哲学家。但稍稍补充一下……和你差不多，但我想说马克思不是哲学家，因为他没有做其他所有哲学家所做的事情——他没有竭尽所能、用他可以采用的途径，去提出、去言说、去命名、去设定他不停地看成是他行动目的的东西。他并没有命名他所奋斗的东西，即便那个东西是无法命名的。对我而言，有两个十分重要的例子。第一个是他说，宗教就是没有精神的世界精神。这是一个精彩绝伦的说法，非常有效地反对了宗教，但他没有充分注意到如下事实，即如果他说世界是一个没有精神的世界，那么意味着他非常熟悉某种带有“精神”名义的东西，而这种东西不在这里。但他绝没有说：“我现在应该试着谈一下精神是什么。”这和之前的说法一样，我相信在著作中他说过两次，关键不是去建立集体所有权（他经常会谈这一点），而他只谈个体所有权的消失也会带来集体所有权的消失，所以要允许个体所有权的存在。现在，马克思在这里命名了个体所有权，但他对此不置一词。正是因为他并没有说清楚个体所有权是什么，他就不是一位哲学家。

所以我们可以同意这一点。但与此同时，如果我们回到《资本论》之前，即如果我们回到《1844 年经济学哲学手稿》，不要去看阿尔都塞说的认识论断裂，我们就会发现某些要素，能帮助我们思考个体是什么。最近，我重读了《1844年经济学哲学手稿》中的一个段落，例如，马克思谈到了工人（即生产者）的享受（jouissance），在他的劳动和生产活动中得到承认——在他的劳动并通过劳动。在这里，我们已经瞥见了他所理解的个体的一个小要素。他所理解的个体，与我们今天所谓的个体有着霄壤之别——谁知道呢，或许他也设想过一种集体的主体。无论如何，他设想了一种享受——对自己的价值得到承认而享受。在那时，这种享受——马克思的用词是Genuß，genießen——建立在对某个价值的自我评价的意义或价值基础上。对自我进行评价的价值就是一种不需要评价的价值：这是一种绝对依靠自身就能具有绝对无上价值的价值。在很多地方我都试图说明马克思所有的东西都建立在对绝对价值的思考基础上，这种绝对价值就是“人性”，因为我们每一个人既是我们存在的生产者，也是我们社会或集体的生产者。但马克思并没有提出这个观念，或许他没有办法做到这一点，尽管他留下的某些印象与我们今天产生了共鸣。当他在《神圣家族》或《德意志意识形态》中谈到，你知道的，工人从异化劳动中解放出来，最后会早上工作，下午钓鱼，晚上拉小提琴。现在这里有了双重享受，因为早上的工作已经承认我是生产者，钓鱼也是……嗯，我不太确定钓鱼会带来什么样的承认，我不是一个太合适的垂钓者……拉小提琴，好吧，这很明显。所以，当我读马克思的时候，读到一种绝对价值的享受秩序。在某种程度上，我不会说他不是一位哲学家，我会说一旦他停留在某个地方，他是一位哲学家，或者说他让自己去完成某个紧急任务时，他是一位哲学家，毕竟我们不想对他进行苛责。在那种意义上，马克思所做的，绝不仅仅是对糟糕的劳动条件和商品生产的反抗。他也将他的手指——一个哲学的手指，还有什么别的？——放在正在崭露头角的问题上。我想说的是，这个问题不仅仅是上帝之死，也是对价值的享受的死亡。或许在上帝和快感之间有着某种联系，但我们先将这个问题放在一边。那么，在某种程度上，我要说他是一位哲学家，他为哲学作出了很多贡献。

巴迪欧：在这个问题上，我同意你的说法。他通过某种方式使用了哲学，而这种方式非常有效。我想补充的是，在《1844 年经济学哲学手稿》中，有些东西对我来说很重要，即在马克思的时代（在某种程度上，这也是我们的时代），人性的方面走上了前台，这就是他所说的人的类本质。人的类本质就是一个哲学范畴。关键在于，在现存社会中，去界定人的类本质的可认识形象的痕迹。这涉及人类活动是类性的，而不是专门化的——涉及你提到的劳动分工的批判，其基础是所有个体都可以成为多样的劳动者——还涉及一个十分重要的观念，即脑力劳动和体力劳动分工的终结。对于人的价值的未来，对于我们如何界定人的类本质，有一种马克思主义的人类学。我完全赞同你的说法：在马克思的著作中，这些东西只有一个大概的框架。在他谈到科学共产主义和空想共产主义的对立时，他显得有些仓促。所有人请注意，正是在马克思那里，让－吕克和我找到了共同点。这真的是一个症候！

南希：在你谈马克思的时候，还有一些观点，即哲学不是解释世界。我也赞同你的说法，但我想给出不同的界定。在这里，我想说两件事：首先，当你说哲学不是解释世界，是否更近似于海德格尔说的与世界图像（Weltbilder）的关系，即“世界图像的时代”？我想知道你和海德格尔是否有什么相似性——你们俩有很多差别，对于海德格尔而言，世界图像时代恰恰终结了他所谓的哲学，他宣称哲学是为了去思考将会来临的东西。然而，对你而言，你说哲学并不是解释世界，而是去获得哲学的整体，保留哲学的名义和特征，即不断地、谨慎地、小心翼翼地去追问："是否有普遍价值？"但我想问问你，即便会打乱一下秩序，我的问题是：哲学为什么会出现？

巴迪欧：你问我？

南希：是的，我问你。

巴迪欧：你有权利问我，因为我知道哲学如何出现。哲学的出现是因为出现了数学。

南希：那数学为什么会出现呢？

巴迪欧：我无法告诉你答案。如果我告诉你数学为什么会出现，我就会处于这样的境地，即我穷尽了所有的事件性特征，也正是由于事件，人成为了类本质的人，即达到了人的绝对性。数学的出现是一个事件，有一个历史维度。这就是为什么解释这个事件（就像其他配得上事件之名的事件）的任何企图都注定会失败。为什么？因为事件是相对于既定情势下的规律的例外状态。所以，你可以给出任何你想要的人类学推测，但我打心底里也清楚：有古埃及人的前提；有古巴比伦的前提；数学只能出现在古希腊的人类学或政治背景下。最终，这让我们可以更好地描绘出事物本身，但我们无法说明为什么——在这个词最彻底的意义上——数学会在那一时刻、那个地方出现。

南希：当然，我不会问你“最彻底意义上的为什么”，我只是问常规意义上的“为什么”。因为你说过，有古埃及人、古巴比伦人，以及所有这些因素，那么在某个时刻，数学出现了。所有人都同意这一点。问题是这样的：“为什么会有这么大的变化?”仅仅说“古希腊的人类学背景”是不够的。因为古希腊本身也代表了数学、哲学、政治学的诞生，但之所以会诞生，是因为世界发生了变化。

巴迪欧：十分清楚明了。但是，因为你不能区分世界已经变化的事实和该世界变化的本质，我们会回到事件。所以，我问问你为什么世界会在那一刻发生变化。

南希：我正准备来告诉你。

巴迪欧：你正准备来告诉我……

南希：因为诸神离开了。你谈到了古埃及、古巴比伦，你或许也会谈之前的一切。你谈到了诸神统治的国度，那里有几种神权统治的形式。我记得布罗代尔曾评论说，公元前 9 世纪之前的事情，对于历史学家来说是模糊不清的。但这种模糊现在开始消散了一点点，我们稍微了解有一阵大旋风，在青铜时代末期和黑铁时代早期席卷了整个地中海。现在我留意到如下事实，正如黑格尔所说，那里有第一批神话，新生事物，等等，最后出现了理性。今天，我们仍然迷恋于理性的奇迹般的诞生，对你而言，古希腊的所有辉煌都是由数学来代表的。不过，在这里你认为古希腊是已经给定的东西——直接立马给定的东西——然而，我经常为如下事实所困扰，首先有一系列的条件发挥作用——技术、实践、航海、算术……现在古巴比伦的算术当然还不是我们所理解的数学，但它已经很丰富了——和古埃及的算术和丈量土地的方法、文字书写等一样。在文明的彻底转型中有一些至关重要的因素。一言以蔽之，在世界上的这个地方，或者说是地中海的东部地区，突然出现了人性，从而改变了人的类本质。这种人性并不是预先给定的，在这里我甚至不想命名这些不是给定的东西——意义、真理，无论你怎么称呼它——它不再是直接给定的东西。然后我们看到了数学、政治和哲学的诞生。我们不能忘了……

巴迪欧：悲剧……

南希：总会有各种各样的尝试，来给予自己或获取某种并非给定的东西。哦，但你同意这一点吗？

巴迪欧：绝对同意。

南希：是的，这并不是奇迹式的诞生！

巴迪欧：我并没有说这是一个奇迹。但你也没有给出一丁点解释呀！

南希：不——我并不是说我要给出解释。我只想要求哲学眼界要更高一些。因为我认为我们要不停地反思如下事实——如果不是解释的话——在某个特定时刻，某个特定的世界（我忘了说，这也是人类的牺牲）走到了终结——从那一刻起，从事件之中（事件本身就是多）出现了我们今天所了解的文明。

巴迪欧：我完全同意。我经常认为数学只是关于最一般现象的最彻底和集中的形式，我们知道，谈论真理不再是一个预先规定好的阐释立场。我们和古典学家们所谓的“古希腊”就是一个时代，在那个时代里，一个陈述的正确性不再与某个做出陈述的人有关。所以，我们进入到“古希腊”的时代，如果你想坚持一个陈述的普遍真理性，你就不得不与理解这个陈述意义的所有人讨论。数学仅仅是——在抽象层次上（我认为这就是本体论的层次）——对我们都认可的现象的编码——这是极有深度的颠覆。在这里，我们抛弃了一个世界，在那个世界，所说的话的合法性、正确性取决于说话的人是谁（最终这回到了诸神的诠释者、先知或国王，一个既定的权威）。与“古希腊”一起出现的东西就是赤裸的真理。从那时起，人们必须进行争论；如果有人捍卫一个主题，如果有人坚持某种意见，那就得争论。同样，如果一个人拒绝一个问题或挑战一个意见，也得争论。那么，政治本身被置于这个要素中，因为必须要在民主的公民大会上讨论某个人的陈述。我同意你关于变化的说法。你说，“突然，某种东西不再是给定的”，我完全同意你的说法。数学就是关于这一点的书写的、抽象的、彻底的检验：证明就是证明，如果有人声称已经证明了什么，他就必须把证明写下来，与他的同侪一起讨论。于是，我们就可以看看这个陈述是真是假。这就是所谓的“古希腊”。我同意你的说法。但你没有做出解释，你没有说它来自何方，为什么在这里，而不是在其他地方出现，为什么恰恰在公元前5世纪前后出现。你仅仅说就是那个样子。

南希：同意。但已经有了一些东西，因为如果我们可以说“就是那样”，我们已经推进了一点点。但在我看来，对自己给出某些不再是给定的东西的尝试，即谈论真理并获得证明的尝试，伴随着一种我不知如何命名的非常纷乱的情感，但这种情感或许滥觞于某种失却经验，即缺少了某种东西——在某种程度上，甚至在我们的时代，那些并非给定的东西仍然困扰着我们。但似乎对我来说，在指出不可能的可能性，而且不仅仅是可能性时（因为最终人们会以这种方式来总结你的思想定向），你补充了马拉美所说的缺少的一个出发点。如果出发点有赖于对既定事物的抽象，如果这个出发点——从上帝和诸神死了的角度来说，他真的就是这样，上帝和诸神已经绝对地，遥遥无期地离开了——那么便不是尼采，不是让·保罗，也不是马丁·路德发明的：古希腊人已经说过“诸神已经离开了”。甚至在柏拉图那里——至少在《泰阿泰德篇》中，柏拉图已经以单数命名了神（*theos*），他说我们应该逃向神（基督徒用“上帝”［Dieu］翻译了 *theos*，而世俗世界的译者将其译为 dieu，最新的译者则译为“神圣”［le divin］）。我的意思是，随着匿名的或隐喻的 *theos* 的降临，诸神已经消失无踪了。

巴迪欧：古希腊之后，我认为诸神（有着多种不同的表现）已经不再死亡——他们会在这里或那里重新浮现。

南希：但如果他们真的重新浮现，也会有许多假复活。但这难道不是意味着，哲学的任务不能仅仅是重新发现或抵达“它”会被再次给定的点吗？“它”就是真理。因为我们那时就能知道它（新生的它）完全是被给定的？或者因为它——真实——会开始被再次给定？

巴迪欧：我认为哲学的任务就是发现理性的和可以共享的协议，让人类不再因哀悼诸神之死而蒙受毒害。

南希：因为尼采说过，佛陀的影子仍然会在他的洞穴前残留上千年吗？

巴迪欧：确实。但重点不是弥补损失，而是让作为整体的人适应于如下事实，即他自己的创造性构成有赖于失却的因素——这并不是一回事。从我的角度来看，哲学等于组织了一次哀悼，它逐渐对失却的东西习以为常，仿佛安身立命于自身生存的自然因素之中一样，于是它真正地为忘却铺平了道路。真正的创造性因素就是让共有的和可以共享的普遍性成为可能的东西，这恰恰是因为诸神都死了。这是瓦格纳在他的《诸神的黄昏》（*Götterdämmerung*）结尾处看到的东西：光明之神（沃坦）和暗影之神（阿尔贝希）的冲突在所有方面都失败了，将建立世界和平秩序的任务留给了人类。

沃尔克：现在我们来看另一个名字，也是另一个传统，尽管他也接受了马克思主义的遗产，以将其转变成一种哲学批判：这个名字就是阿多诺。在法国“后结构主义”思想和批判理论的哲学之间缺少激烈的争论，一直以来都是一个谜。直到今天，双方仍然没有什么对话。然而，在资本主义飞速的和侵略性的发展中，阿多诺提出的问题似乎产生了一个回归，还有一个重要问题，即是否可能从资本主义发展的复杂性来批评资本主义的现实。这产生了新的问题，即我们如何对待社会批判理论和否定辩证法。当然，现在这是一个很大的问题，但你们是否同意，否定性和批判的交织，以及哲学和社会的关系问题，是一个非常迫切的问题。

巴迪欧：从我的立场来看，我与阿多诺相反，实际上必须批判他的否定辩证法，来恢复共产主义假设。某种主流观点是，如果要解决问题，就必须发现——如果可能的话，也可以创造出——阻止我们解决问题的敌人和破坏分子。换句话说，任务的基本要素被委派给了最激烈的否定形式。我们现在迫切要做的是要发明一种新形式的肯定辩证法。换句话说，肯定以前被限制在想象的领域里，被限制在对奇妙未来的模糊想象的发明里。任何真实的痕迹都注定与对敌人的迷恋和必须进行的破坏联系起来。我们现在要做的是，承认肯定才是辩证法的核心，将肯定作为其真正的前设，只有肯定才能产生让否定变得有度、可控、富有创造力。

南希：从我的角度来看，我认为在法国，阿多诺仍然相对地鲜为人知，理由有两个。首先，由于60年代后涌现的法国哲学太丰富了，这淡化了阿多诺的思考。法国这个国家不太了解德国，德国的东西要花好长一段时间才会被翻译过来，尤其是像阿多诺那样具有艰涩风格的文本。实话实说，德国人已经注意到并谈论过他那种艰涩的风格，在翻译时，难度会增加很多。在我看来，最基本的问题当然不是他的那些“黑话”，而是他的某种难以忽视的解释学，这与海德格尔不同，或者与德里达的，确切说是德勒兹的“不可读性”不同。无论如何，当然这还涉及当代哲学语言的一般问题。从巴迪欧先生的角度来看，他代表着一个特殊的案例，因为在他那里，解释层面被嵌入到数学和精神分析之中。乍一看，这卸下了哲学的负担，但它并没有阻止哲学调用数学—精神分析的资源。

请原谅我说这段题外话。当然，我这样说有一个比较深入的理由——会让我们回到讨论的开始阶段。1933 年后，德国失去了它的哲学家们：倘若哲学家不想服从体制，他们要么移居国外，要么陷入沉默。有一个人成为了“原-法西斯分子”，但他提出了关键性的“存在问题”。在流亡美国期间，批判理论仍然保持着批判马克思主义的传统。在法国，这种思考模式不会产生很大的反响。按照丹尼尔·本赛德（Daniel Bensaïd）的说法，我们可以说这里有个长期的分裂，一边是工人主义所代表的社会运动的激进主义（工人主义直接承袭于从革命工会到 20 世纪 30 年代共产党的传统），另一边是陷入实证主义传统的大学知识分子（他们十分顽固地抵抗着德国哲学和辩证法）。一边是共和派，一边是边缘的马克思主义者（巴塔耶和列斐伏尔所提出的马克思主义），这反而导出了一种更为复杂的结合，他们将批判理论定位到另一个平面上（很大程度依赖于海德格尔的解构）。很巧，这就是另一个例子，说明哲学家实际上并不像蘑菇一样冒出来！在这里，必须要追溯一下阿尔都塞的整个发展轨迹，并重构从阿尔都塞经由其他许多人一直到巴迪欧的 60 年代知识氛围的变迁。

不过，就阿多诺本人而言，有一个悖论。同样在他写作《否定的辩证法》的60年代，一方面，他与海德格尔的距离并没有我们所想的那么远，另一方面，他与某种所谓“法国的”（在某种程度也是“海德格尔派的”）流派也不那么遥远。尤其是，我认为德国与法国的区别就是科学与认识论的关系。在法国，巴什拉、卡瓦耶斯、康吉莱姆——仅举出其中几位翘楚——代表了非形而上学的解放，而德国则缺乏完全与之对应的东西。在60年代初，我们受到了某种科学观念的激发，而在德国，出于科学在意识形态上的可塑性，他们认为科学十分可疑。德里达创造了一种“文字学”，其方式既非常有趣，也极为严肃。所有人都在说“认识论”这个词（即便他们用得非常随便）。福柯谈到了“认识型”（épistémè，这个词也是对历史断裂的回应）。在这个背景下，马克思主义者发现自己处在一个非常艰难的境地，这恰好解释了阿尔都塞的“认识论断裂”。

但是，阿多诺从未远离。例如，利奥塔就非常认真地读过阿多诺，而米格尔·阿本苏（Miguel Abensour）也没有忽略他。阿莱士·加西亚·杜特曼（Alex Garcia Düttamm，他既是法国人，也是德国人和加泰罗尼亚人）

非常接近德里达，他也会经常引用阿多诺。阿多诺的《否定的辩证法》显然遮蔽了他的《美学理论》，但这两本书是相互关联的。在美学之外，那些关注实践观念，不喜欢传统的理论/实践框架的人也喜欢读阿多诺，他们会同意如下说法，即“若不超越生活的承诺，那就再没有值得去过的生活”，这句话出现在阿多诺关于形而上学的第 18 次讲座中。现在，我知道“生活”和“超越”这样的词汇会直接让某些“后结构主义者”或“后现代主义者”（我选择了这种简单化的标签）跳起来。从 60 年代到 80 年代，将德国与法国分开的，就在于是否信任这些用词上的明显差异。尽管两个国家在词语的解释上都有一些不安，有时候还有些折磨人的感觉——它们的重负、它们的风险以及它们的不充分性——法国人的品味更多是怀疑用词或创造新词（例如，这就是德勒兹或德里达的方式），以及哲学表达风格的创造。部分来说，这也是海德格尔的遗产。正如我曾提过，阿多诺也发展出一种风格，不过，他更多是句法风格，而不是用词风格。

我尽可能用如下一个词语来总结：超越。如果有某种东西会不停地追问法德或德法的思考，那么就是这个词。阿兰不会同意我的这个说法，但我会说，他的内在性非常明显地超越了他自己。然而我承认，如果没有这对概念，或许会更好，尽管不是没有跳到外部，跳入他者、其他地方以及无限之中。

沃尔克：最后，让我们回到一个非常微妙的名字：海德格尔。对你而言，巴迪欧先生，海德格尔是一名纳粹，但也是20世纪最重要的哲学家。或许你会同意这个看法，南希先生，是吗？不过，我们能否将海德格尔的纳粹主义与他的哲学分开？我们该如何对待海德格尔？更进一步，谈个相关的问题：可否设想一种法西斯主义的哲学？让某种民族或种族具有优先地位，这是否不仅败坏了思想，甚至影响了他的存在概念及其表现？最后，海德格尔这个名字是否标志着法德哲学关系中的某种位移——即自身不停位移的位移？

巴迪欧：对于海德格尔，我想说三点。首先，海德格尔是一位让存在问题回到当代哲学空间的人物。尤其是在19世纪主流的康德批判和实证主义的联姻下，存在问题已经被遗忘，已经失却了。是的，就是你不愿意承认的康德的一个破坏：恰恰是康德以最严肃的外表说道：我们不要让自己陷入存在之为存在（l'être-en-tant-qu'être）这样的理论问题之中，因为理论思考既不能清晰地表述这个问题，也无法解决它。好吧，就不要再谈康德了。无论如何，伟大的海德格尔带回了存在问题。当然，他带回来的，既是一个复杂且被严格界定的问题，也是一个被囊括在德国传统之内的问题。这意味着他所回到的存在问题，本质上是一个历史问题，而不是纯粹的（或不完全是）认识论或哲学概念问题。对于海德格尔而言，存在问题最终成为人类历史的神秘构成之类的问题。现在，我必须承认，阿多诺批判过的"海德格尔的黑话"对我的影响极大。我认为这十分正确，也十分必要，即必须让存在之为存在的问题重新在哲学思考的层面上浮现出来。即便我的方法在这里非常不同于你的方法（粗略地说，我的方法就是反历史的数学），我还是会说，海德格尔恢复了存在问题，让其成为哲学最基本的问题，是一个十分重要的姿态。

其次，在带回存在问题时，海德格尔在现象学遗产中引入了一种扭曲的形式。在某种意义上，他超越了纯粹胡塞尔主义的形象，胡塞尔在某些方面还依赖于心理学，这在萨特对现象学的使用中体现得更清楚。胡塞尔将诠释学的追问与主体的基本架构紧密联系起来——他并不像康德一样，在超验范畴的层面运作，而是在意向性和时间化的层次。于是，海德格尔将意识的认识论和心理学问题抛在一边，而只关注他所谓的此在（Dasein）的问题，这个问题更大，也更精要，这正是因为它关系到存在问题。

再次，所有这些强有力的思辨材料，都被海德格尔暴露进一种身份主义的灾难中。我同意你在这里所说的，关于他与德国纳粹主义的关系，以及他天然的反犹主义，都是海德格尔粗陋的一面。他真的是一个保守的德国反犹分子。但对我而言，他的理论姿态——他在当代对存在问题的重新肯定——并不会因为其少数的、落伍的反犹主义教授的社会政治人格而受到丝毫影响，有段时间，他相信希特勒是为了德国而作准备，所以，对海德格尔教授自己来说，这是可以与巴门尼德的古希腊相媲美的天命。

南希：这里的问题很复杂，但或许首先我要说的是，“海德格尔，一个伟大思想时代，恢复了存在问题，但另外……他也有某些缺点或弱点”，这种说法是不够的。不！完全不够！一方面，是的，就是这样。我非常喜爱的巴塔耶的一个遗著断篇揭露了一些事情，巴塔耶说：“最终，海德格尔和我都谈论了同一件事，但差别在于他是教授。”

巴塔耶没有你那么争强好胜，但在他的立场上仍然会据理力争。但当巴塔耶说“海德格尔和我在谈论同一件事”时，他到底是什么意思？我认为，可以通过一个词，一个巴塔耶和你自己的著作中经常出现的词来理解，我们今天事实上也谈了很多遍：不可能。我的意思是，不可能绝不是没有任何可能性，毋宁说它是在所有的概率计算之外——超越了所有的可能性。所以我会说，巴塔耶的教导在这里十分有意义，我们知道，海德格尔或许真的是第一个将不可能引入哲学中的人物。他并没有这样说，即便他离这样做已经不远了，比如他曾说过：“欲求可能之物并不是真的欲求。”

与此同时，在两件事情之间有某种关联，一方面不单纯是纳粹事件，也是纳粹对欧洲的压制，另一方面是整个欧洲内部与所谓的“政治”的关系。在根本上，法西斯主义等于废弃了政治，或者毋宁说是通过“一切都是政治”的宣言而消解了政治。海德格尔很好地注意到这一点，他批判了“一切都是政治”的口号。正如他自己所说，他并没有犯下的“大错”，是非常狭隘的精神的产物。在这里，还有一些别的东西在起作用。海德格尔与他的时代，与他的整个时代共鸣。这就是他为什么要提出存在问题。我必须补充，他是个纳粹——是的，我们都知道有一张他佩戴纳粹徽章的照片，他加入了纳粹党——很快，他就变成了超级纳粹。菲利普·拉库-拉巴特（Philippe Lacoue-Labarthe）称海德格尔是原-纳粹分子（archi-fascist），也是超级纳粹，这甚至更糟糕。与此同时，还有些别的东西。我先把反犹问题放在一边，事实上，这是个庸俗的问题——那里，同意，一切都轰然坍塌。当我们阅读包含了大量反犹言论的《黑色笔记本》时，当我们阅读《哲学论稿》（*Beiträge*）时，我们发现——我不太清楚这叫什么——一个特别夸张的哲学形式。今天，当我们开始与海德格尔渐行渐远的时候，我们只能说他已经谴责了我们现在面对的问题。除了技术问题之外，或许他还提出了我们迄今为止还没有讨论的问题——我和你都没有讨论过的问题，因为这些问题太难了，但我认为我们哲学家应该去真正地讨论。海德格尔清楚地看到了某些东西，尽管他关于技术的思考仍然被简化为对作为资源的自然的剥夺，不是那么简单的，因为他自己也说过，技术也是存在最后的讯息。

我并不是说，我们已经忘记了他的反犹主义——绝对不是。我们也不要忘记海德格尔不希望出版这些材料。我们也不要忘记，在《黑色笔记本》中，还有很多东西有时看起来具有某些难以置信的歇斯底里，我们感觉到海德格尔几乎发狂了，因为他真的感到世界在支离破碎——他并不是那个时代唯一这样思考的人。

其次，存在。是的，绝对是的。除了如下之外，在我看来，海德格尔关于存在问题的概括最重要的就是他要求——尽管他很少写到它，因为这不太行得通——不能将存在看成是名词，而是一个动词，而这个动词可以理解为及物动词。我得说的是，有些东西我不可能轻易撼动。我们要去解释“是，那就是，即是”——“那不是，但可以存在”？这就是《什么是哲学？》的一个部分，在那本书里，他说在聚集和阅读的意义上，我们或许可以尝试类似于阅读（Lesen）。存在等于聚集，阅读。在《阿那克西曼德箴言》，以及最近的《黑色笔记本》中，他也说道，存在需要（braucht）存在者。Brauchen的意思是使用和需要。在《阿那克西曼德箴言》中他评论了需要的形式，他自己说是翻译自古希腊语的chreôn，他也用过拉丁语frui和fruor来翻译，他将其视为与奥古斯丁那里的“需要”相等同的东西。他说道：“存在享受着存在物。”所以，我们又回到了快感问题。享受某物——是否为严格的及物动词？我们

教的寓言，因为事实上，存在并不关心我们在一个中等尺度的星球上，在一个按轨道转动的平均尺寸的星球上，在极为普通的银河中作为人类动物的命运。存在之所为存在的想法——例如，在现代集合论之下——就是那种不再关心我们周遭发生一切的思想的缩影。在这里，关键是要最终通过理性的和无私的方式，来思考任意多元的可能形式。不过，只有在海德格尔问题所开辟的空间里，我才能抵达冷漠存在的数学视野。

南希：是的，但我发现你说得越多，你越靠近海德格尔本人。如果海德格尔说存在享受着存在物，那不正是说存在着某种东西，与你所谈的东西毫无关联吗……

巴迪欧：我并不是真的明白……

南希：但是，是的——因为这意味着，由于存在并不是一个主体，也不从事生产，它就是快感——让我们这会儿使用下这个词——这就是多元性的快感……

巴迪欧：但快感在面对事物的时候必须要怎么样呢?

微分方程不会享受任何东西。

南希：是的，那是很糟糕的事情。

巴迪欧：绝对是的，非常糟糕，对我们来说，尤其对你的快感来说。

南希：不，不完全是，因为我们享受了一个微分方程。

巴迪欧：啊，要小心哟！我们可以享受微分方程，但微分方程自己不会享受任何东西。我们有时候也可以享受无关性的存在——这通常是可能的。我们创造了各种各样的变态。

南希：如果你愿意这么说的话，快感在根本上也是一个夸张的词语，一个代表着意义的危险词语。对于海德格尔来说，存在问题就是存在的意义问题。

巴迪欧：对于海德格尔来说，是的，但也就是在那里，他误入歧途了。恰恰相反，存在问题相当于最终要鼓起勇气，理性地去面对无意义的东西。之前，在海德格尔的传统中，人们在实践上无法容忍无意义的东西。这很荒谬。在面对无意义时，有一个很可怕的存在主义的做法，这就是萨特的恶心。存在问题成为意义问题。但真相是，存在没有意义，仅此而已。当我们可以理性和无关联地用数学去思考任意的多元时，存在即是其所是。这既不是快感，也不是意义，更不是其他什么东西。有一种十分明智的写作编码形式，这就是全部的存在。

南希：但你在这样说时，忘记了德里达，他将存在问题视为存在与存在者之间的差异问题，并命名为“延异”（*différance*），他用字母 a 取代了之前的字母 e——存在的延异，或者不断与自身相异的存在。现在人们写了很多关于“延异”的文章，他们会贬低这个词，他们不断研究这个词，希望将这个词理解为某种将要发生的事情的不断搁置，仿佛德里达说的是“明天有免费啤酒”“明天自由思考”或者“明天自由享乐”一样。但我认为，通过带有字母 a 的延异（当然，这也是某种书写的东西），德里达想要从阿多诺的陈述中得出某种结论，即“若无存在物，即无存在”。当然，现在并没有无存在者的存在，但这也是一个非常忠实于海德格尔的陈述，它贯穿了时间和多。发生了什么？发生了事情。在偶然性中发生了多。事件发生了——你会首先坚持这个说法。在德里达的“延异”中，我们或许可以说海德格尔的存在被再一次提及，也得到重新思考，它与存在物的差异立马被掏空了，被取代了，被转化了。你自己也认可了这种改变的某种价值——当你写“非在”（inexistance）时，你也用 a 取代了 e，你认可了德里达，用一个动名词取代名字会发生某些改变。这真的非常重要。动名词就是处于发生过程中的东西。英语有一种很特殊的方式来表达“在过程中”，在某种程度上，英语的动名词本身就可以变成名词。现在，你所谈的无关性，包括微分方程的无关性，这种无关性就是真实界（le réel），它的确就是发生过程。正如你反复强调的那样，拉康将这种真实界称为不可能，这种不可能在某种意义上，完全外在于可能性的计算框架。对我而言，这就是思想，通过德里达的做法和延异，这并不是你所说的类似于伊壁鸠鲁的神的无关性，而我称之为意义（sens）。伊壁鸠鲁说：“诸神就在那里，他们不关心我们周围发生的一切。”但不是这样，存在并非不关心我们周遭发生的一切，因为存在不是什么人，它既不会关心，也不会不关心。所以在这个意义上的无关性——因为它或许就是一个我们这里讨论的动词，因为你理解的“意义”就是“带有最终意指关系的意义”——也可以在其他地方发生。我找不到其他词来形容它，我所理解的“意义”仅仅就是发生了某些事情，它们彼此相关联。从海德格尔那里，我还获得了其他的东西。当海德格尔说世界就是产生意义（Bedeutsamkeit）的总体（马尔蒂瑙［Martineau］将其翻译为法语的 significabilité），那么这是一种能力，即获取意义（*bedeuten*）的能力，而不是预先给定的意义（Bedeutung）。世界就是产生意义的总体，这意味着一个不能在整体性意义上来理解的总体，而是所有事物会发生，也能够发生的整体，它不停地指向自身的不可能性，即外在于可能性计算框架之外的不可能性。我称之为意义，但我并不一定要用这个词。尽管我认为，这里面有一个差别（écart），无论我们称之为意义还是无关性。

巴迪欧：对我而言，这个差别很大。在无关性和意义之间，我看到了一个巨大的鸿沟。但我想知道我们是否不应该在这个深渊边缘停下来，正如我感觉到穷尽正在获得优势！

沃尔克：最后一个问题。为了搞清楚存在和意义，或者意义和无关性之间的差别：当代是否有这种差异的架构，或者当代是否尚未触碰到这个问题？在存在问题的哲学中，当代扮演着何种角色？让我们再一次回到海德格尔问问题的方式，而不重启海德格尔的问题：是否有可能追问或考察，当代哲学有一个专属于法德哲学传统的任务？

巴迪欧：我可以说，就存在、意义和无关性之间，就概念理性及其历史直观之间的差别（关联于人们对存在之所为存在的理解），这些独特的思考工作就使德国和法国思想保持了一定差距，产生彼此共谋和相互友爱的矛盾。我们见证了如下事实：在法国迷恋了德国思想之后（最典型的就是萨特和德里达），法国结构主义与德国诠释学也保持了一定的距离，我们现在可以期望出现的是一种新的思考形式，我认为这种思考形式可以提出如下问题：我们如何在本体论基础上重构一种肯定的辩证法，而这种本体论也承认存在的无关性？是的，我认为这就是我们共同的问题。

南希：我的回答非常果断：是的。因为我认为存在和意义，或者无关性和意义的差别，首先就是存在与存在物的差别，即存在内部的差别。我在海德格尔关于用及物动词对抗名词的建议中，在德里达的带字母 a 的“延异”那里，在阿多诺的“无存在物的存在”那里，以及在巴迪欧的多元的“任意事物”那里，发现了这种差别——这种差别本身就是当代的结果。当代也就是既与自己同构（isomorphique），也与自己同时（isochronique），这是一个相对于它的过去和未来、在私下里定向自身的时间，它并没有一个唾手可及的永恒，没有在狭窄山谷里悬停的时间。

当代也就是一个文明的（技术的、经济的、文化的）逻辑的全球性封闭环，它开始怀疑自己，即怀疑自柏拉图的 ousia［本体］以来“存在”的含义（尽管我们不要忘记，柏拉图也说过 epekeina tès ousias［超越于本体］）。而且似乎很有道理的是，这一次以对其悬置和变动的形式来回应柏拉图的问题。二十六个世纪，这对于一个文明来说足够了。从马克思和尼采，到海德格尔，并不缺少它业已崩溃的迹象。列宁、弗洛伊德、爱因斯坦、胡塞尔……海德格尔代表着一个转折点，因为正是在海德格尔那里，这种病症才围绕着“存在”固定下来。当其他人看到了进程和进步（即便以批评的方式），他会将所有的特征集合起来，在本体论的名义下思考整个西方的问题。我们或许可以说，正是透过海德格尔，当代的观念本身悬置了时间，成为了哲学的驱动力和动机——在某种程度上，它甚至促使人们来谈论哲学的终结。在海德格尔的时间之后，我们仍然处于一个悬置状态。可以肯定的是，当代并不是没有运动，但这种运动已经变得非常艰难和可疑，至少可以认为，在某个时代，所有的保障都已经被撼动了，或者变得可疑。

即便海德格尔的反犹主义——可悲的是，他求助于那个时代的最庸俗东西——也见证了某些东西，因为反犹主义就是我们的罗马—基督教文化中的基本元素，它涉及导致了“西方”身份的区分和自我拒斥的形式的最基本的动机。海德格尔代表了这种自我批评或自我憎恨的高潮，碰巧，在马克思和尼采之前，这种观点还相当另类。也正是这个显著特征让海德格尔从根源上区别于他自己。

或许我们可以说，在存在和意义之间的复杂而魔幻的区分，确实标志着法德结合的当代性，而哲学正是在这种当代性中展开——或者至少，哲学并不抛弃存在和意义，它并不纯粹抛弃了本体论，而选择对“语言形式”或“生活形式”作思考。我在这里并不拒斥维特根斯坦，我只是想，在哲学中还有些别的东西，正如阿兰在我们的讨论中说过的那样，某种根植于“某种真实，它不能等同于虚构的隐藏之物”。

现在，我坚持认为我们迫切需要这种原本的“真实—真实”——事实上，这不仅仅是一种迫切需要，也是最终的哲学激情（在某种意义上，胡塞尔的“回到事实本身”让我们激发了这种哲学激情）。真实就是存在与/或意义，如同它们二者的区分一样。有一种打着“新实在论”“思辨实在论”或“物导向的哲学”旗号讨论“真实”的时尚，这证明了当代主流十分热衷于谈论“真实”——这个问题在法德结合的问题之外。如今，这场运动认为，哲学已经被封闭在主体性之内，认为所有其他一切都与主体性相关联。但这是非常幼稚的假设。思考从来不涉及一个与“对象”保持单边关系的“主体”——即便在笛卡尔和康德那里也是如此。通过在世存在，通过被抛入世界（世界既不是给定的，也没有得到任何保障，但绝对存在），一切事物已经开始，并反复重新开始。

后 记

扬·沃尔克

感谢阿兰·巴迪欧和让-吕克·南希在2016年1月30日来到柏林参加这次讨论，我在这里想给出一点更详细的评述——准确地说，是三个评述，所有的评述都围绕着如下问题：从法国视角来发起一场关于德国哲学的对话意味着什么？我需要借助三个悖论来谈论这个问题。

我们先从哲学对话的问题开始。哲学家之间的对话不是个简单的问题。事实上，吉尔·德勒兹和菲利斯·迦塔里经常说："所有哲学家当听到有人说'我们来讨论一下吧'时，都会跑得远远的。"哲学家德勒兹和精神分析师迦塔里都相信讨论会严重伤害哲学，因为"对于圆桌会议来说，讨论是很好的选择，但对于哲学来说，就是另一回事了。关于讨论，说得好听点就是，因为参与者没有讨论同一件事，所以事情不会跑得太远”。

哲学家之间的公共对话很难有一个很好的基础。不过，在上述引文中，讨论被理解为是在个人意见的交流的特殊意义上进行的，最终是为了在某个给定问题上达成的共同结论。对于德勒兹和迦塔里而言，恰恰相反，哲学的任务毋宁说是创造概念，围绕问题给出复杂的概念体系。这种概念体系无需讨论，因为随着讨论越来越清晰，就会降低可讨论的模糊性和事件性的空间，以及衡量、作让步和协商的空间。一言以蔽之，哲学的任务就是要创造某种无需讨论的东西。

这样提出了如下问题，即两个哲学家之间的对话，是否可以不只是对话者轮流宣布一些自成体系的论题，偶尔让双方都同意。贝克特就是创作这类对话的宗师，他创作了弗拉基米尔和埃斯特拉贡①之间的对话，他们二人在彼此惊奇和荒诞赞同之间摇摆，并极其夸张地反对交流，没有任何共同基础的保障。

不过我们不必将《等待戈多》看成是不可能进行对话的证据，而应该将其对话理解为他们以各自顽固的方式的

---

① ［译注］这两人都是贝克特荒诞剧《等待戈多》的主要人物。

展开，我们或许不用共享德勒兹和迦塔里的悲观。当然，哲学确实不因对话而著称。哲学史上有着大量对对话的拒绝。我们或许在这里会想到反讽的苏格拉底，他会公开揭露出对话者的概念混淆，那些人呼吁保持表面上的对话，而有着许多类似于“是的，的确，苏格拉底”这样的表达。不过，他们之间并没有发生讨论——既不是意见的交流，也不是其他形式。我们或许也可以这样来思考德里达和阿多诺的文本。某些人认为要理解他们，就要将他们看成是对读者的提问，这只会导致读者进一步缩回自身去自娱自乐。在关键时刻，他们都退出了对话交流。最后，我们可以想象一下黑格尔，在《精神现象学》的开头，他将个人意见表达与普遍真理对立起来。语言并非个人的意见，因为语言必然表达出某种普遍性，所以我们不可能说出我们个人的意思。哲学对意见不感兴趣，甚至会超越意见层次，他并不需要严格意义上的对话，因为没有任何东西能与普遍性相抗衡。

拒绝对等的讨论，拒绝通过对话交流进入关系，拒绝承认任何与自己相对立的东西：这些就是哲学摧毁对话基础的三个策略。那么，我们当然可以得出结论，关于各种形式的普遍性的意见的对话，对于哲学来说都太过荒谬，对话是一个杂交的怪兽，每一个哲学家都避之不及。在良善的、自由的观念交流中，在友好和蔼地对其他人的意见的接纳中，在自己的温馨的开放中，以及在最终对共享的，对“问题的本质”的共同和交互阐述的概念中，哲学害怕失去自己的“事业”（Sache），即辨别事物的能力。意见交流为达成共识铺平了道路，但达成共识，并非哲学的成就。所以，哲学允许没有成果、没有方案、没有信条，也允许没有对事物的公认的评价，哲学多少有些超然和徒劳，也不会有什么朋友。

不过，如果一方面哲学逃避甚至害怕对话，那么另一方面哲学总是要质问所有人，不断地像这样来实现自己。哲学显然是理性的事务，是一种理性的话语和在如下信念引导的论断，即可以向任何人言说哲学。所以，哲学要诉诸可靠的证明和逻辑链条，而不是求助于玄妙莫测和讳莫如深的渊源。作为一种理性话语，哲学旨在确保他人的赞同，它喜欢有着良好基础的论争，在思考中稳步前进。那么，其合理性就转向了公共领域，正是在公共领域中它展现出合理性。于是，这是一个理性实践问题。苏格拉底并不逃避对话争论，他的全部哲学都在于对话。德里达的许多著作最初也是对话。阿多诺希望做广播节目，甚至黑格尔本质上是个讲座型哲学家。哲学不可能逃避公共言说，它被迫也需要走向公共空间。本质上，哲学就是一个公共行为，即便书籍也是一种面向公共领域的写作方式——通过退回自己来反思实践。那么，从这个角度来看，根本不存在私人哲学——从一开始，没有一种哲学不是公共哲学，它并没有留在私人空间之内，只要一开始思考，哲学就开始了实践。

但提出公共领域是哲学思考的一个前提条件，意味着什么？哲学需要大量的听众，以及拥挤的市场吗？可以从柏拉图的《普罗泰戈拉篇》的一个著名场景来阐明这个问题，在那里，年轻的希波克拉底请求苏格拉底帮他在智者普罗泰戈拉面前说好话，他希望成为普罗泰戈拉的学生。他们一起去拜访了普罗泰戈拉，先去弄清楚希波克拉底将会被教些什么。当他们找到普罗泰戈拉时，他坚持认为，他们关于教育的对话需要在公共场合中进行，因为作为智者就是要教育他人。由于智者言说的目的就是为了教育，这样，就需要其他人来当对谈人，那么我们可以说，智者就是最优秀的公共演说者。不过，在柏拉图的对话中，他们不断地被证明不知道他们所知道的。希庇阿斯，另一位智者，已经穷尽了各种努力来界定美是什么，他只能举各种特殊的例子，而给不出普遍层次上的说法。对于他们的信念，智者给不出任何实质性的辩护，也不能将这些关于美、善或任何其他形式本质的思考的观念统一起来，因为他们最终只能停留在个别例子的层次上。由此产生出一种悬而未决的状态，在其中，例子是多样的，而真正的知识需要不断地凝练，智者事实上只能陷入所谓的个人信念的私密之中。

最终，尽管智者可以在一大堆听众面前演说，但与其说他们是公共思考，不如说只是私人性的思考。在被苏格拉底逼到角落里后，希庇阿斯不得不请求想几分钟，他需要退出对话，来重新思考他的信念。于是，柏拉图揭露了智者能公开地授课、但只能私人地思考，而哲学家可以公开地思考，但他不需要一大堆听众来聆听：他通过讨论来思考。事实上，他就是这样来思考讨论和区分，正如苏格拉底反复说道，这就是为什么他所教的东西没有任何特殊的内容。哲学家关注知识，就是为了进行追问，或许通过这样做，他改变了知识，但他绝不拥有，也不会展现出自己的知识。借用康德的一个说法，哲学家公开使用了他的理性。不过，为了像这样公开地思考，就总得思考公共事务，因为这些就是与任何其他人进行讨论的对象。在这个基本意义上，哲学总是一种对话和讨论的形式。

那么，对于哲学家来说，对话是世界上最自然的事情，对话从一开始就是公共的。然而，这赋予了哲学一个相当复杂的形象，因为哲学现在既是超然的与徒劳的，也是一种公共的思考行为。哲学是理性的，与其他人讨论公共议题，不过，这避免了从个体化的方式来讨论问题，也避免了从太通俗的知识传播形式来进行实践上的概括。那么，我们或许可以说，哲学通过一种公共行为扰乱了公共交流，而它又以完全透明的方式来大胆地做这件事情。在柏拉图那里，对话形式——矛盾的、公共的思考行为——被称为辩证法。

不难发现，在今天普遍的公共领域中，哲学代表着一种例外的独特声音，这种态度并不太被看好。哲学的地位很艰难，因为哲学破坏了知识，且让知识面对一种不能为其追求服务的观念。哲学产生了无用的问题，也产生了一些问题，它细分了那些看起来一样的东西。最重要的是，哲学用理性的、结构化的方式来进行区分，揭露了事物无穷无尽的含义，避免对事物进行简单化的理解，避免让事物陷入习俗化的用途，甚至改变了我们关于万物的知识。一言以蔽之，哲学作出了区分。

我们可以总结一下哲学对话的第一个悖论：哲学寻求理性对话，并通过多样化的区分，拒绝了实践上的后果和交流，甚至到了这种程度，即将哲学的笨拙带入哲学的话语形式中。因为哲学是理性的话语，那么它也是可知的，因为他通过不断多样化的区分来避免交流，它就是不可知的。不存在不进行讨论的哲学，哲学家总是与他所面对的思想和事物进行对话。那么哲学家之间可以进行对话，正是因为他们不想谈同一件事。然而，这种真正的对话，更多是以相互矛盾和无关联事物的并置为特征，而不是以共同理解的形象。通过这条迂回的途径，哲学对话最终导致了模糊的赞同形式——这属于哲学共同享有（geteilt）的本质：哲学想做出区分。

不过，倘若哲学只进行区分，那么哲学对话的矛盾层面已经暗示了一个更深入的矛盾。哲学不仅仅以明显的讨论形式开展，在形式层面上，它也不断地在口语和书面语之间摇摆不定。哲学来自写作，哲学走向写作，它也需要写作，这样才能避免现实中的口语的短暂性。所以，哲学要有一本书。对话首先作为一本书来回到自身，或许这是因为，读者或许遗憾没能目睹，这样就出现了某种距离。也就是这种距离——在这个距离中，言说走向了写作，也迷失在写作之中——让哲学绘制了自己的蓝图。

若没有柏拉图，苏格拉底是否还是一位哲学家，这个问题并不简单。我们不妨假设一下，在严格意义上来说，苏格拉底不是哲学家。因为书是另一种形式，在本质上，这种形式才属于哲学。哲学需要写出文字来保持对话中所产生的哲学存在。哲学存在感很弱，在对话的过程中，它随时都有随风消逝的风险。书籍保障了哲学的存在，而从言说到写作哲学的运动中，则建构出了一种存在，即可以让哲学与当下进行对话，让哲学在当下重现发现自身。在书中记录下来的哲学文字并非是无时间的命题，相反，它们是时间的结果，即在公共问题上对话的结果。这样，书籍必然是对孱弱的哲学声音的支撑，但它自己没有终点，因为它只建构了一个更深入的公共讨论的形式。这就是书籍的问题所在：尽管它保留了超出个人意见的偶然性和流逝时间的任意性的东西，但它也产生了威胁，即将哲学变成了一种外在于时间的知识形式。那么哲学就变成了可以传授，但不再依赖于讨论的东西。不过，哲学靠讨论而活着，与此同时，哲学也回避讨论，正如哲学产生了书籍，而这些书籍后来需要更深入的讨论。书继续复杂而迂回地对话，通过各种矛盾和不连贯性，绕过了纯粹的意见和进步，它本身就是对话的要素。在这里出现了哲学对话的第二个悖论：哲学总需要书籍，因为它总是已经超越了特定时刻；然而书籍本身不是终点，它只是整个讨论的另一个转折点。

一边是认为自己能进行普遍追问的顽固的精英主义，另一边是注定要写成书籍的言说形式（并不将书籍看成它的目的），在这二者之间出现了哲学对话的形象。通过讨论，哲学对话建立了自己的地盘，讨论避免了各种意见和认识之间的交换，不断地在书籍和口语之间来回摇摆。这是一条锯齿状的线，它不仅划定了自己的地盘，也给出了自己的时间性。

哲学的本质就在于这种共有的空间和时间性。从传统来看，概念中就有这种共有——例如，柏拉图和黑格尔都有观念（Idée）这个概念。也有一些共有的问题——如德里达和阿多诺共有的语言问题。此外，概念和问题，不断地彼此照应：如果概念是进行区分的工具，那么问题就指向了概念空间。对话可以分解为棘手的概念和问题的公共性，正如书面文本发展出它记录了讨论公共问题的言说的概念。最后，在概念与问题之间的空间与当下，哲学共有本质也可以在某个群簇中（constellation）找到，因为哲学就是与他人的讨论。例如，柏拉图所共有的公共空间，就是与智者进行斗争的场地。在这样的群簇中，共有的概念和问题开启了各个特殊的哲学时代。

正是在这些时期，产生了哲学的第三个悖论：哲学思考的实体在时空中的展开。这个复杂过程产生了大量的有问题的名词。“观念论”或“超现实主义”实际上意思是什么？或者更成问题的，“德国哲学”或“法国哲学”是什么意思？这些名称当然一开始会产生混乱。国家哲学家？我们难道没有比这更进一步吗？

如果我们沿着概念、问题、群簇的分支线，以及在言说和书籍中出现的各种交错的痕迹来接近哲学，那么我们逐渐会问，这些名称指的是什么。难道它们代表着一种身份的共同性？或者“德国哲学”和“法国哲学”一样，首先并不是指向一个矛盾的群簇？阿兰·巴迪欧将哲学划分为不连续的分歧，即他所谓的“古希腊哲学”“德国哲学”和“法国哲学”，从而开启了先前的讨论。不过，他将莱布尼茨和斯宾诺莎放在了17世纪的“法国”时代里。让-吕克·南希反过来注意到，康德在用一种语言写作时感受到的困难，这种语言无法让他以自己希望的方式来展开。康德仍然沉迷于古老的德语，同时又深深地依附于这种德语。

那么，“德国”或“法国”哲学的内涵既不是按语言，也不是按国家边界来界定的。于是，我们不要仓促地将“德国哲学”和“法国哲学”理解为在指示身份，而是要理解为指示出复杂讨论的广阔视野。作为一种普遍的追问模式，哲学不可能局限在国家边界之内，也不会局限于语言的界限，哲学会采用各种各样的形式，这些形式经常被外在地以各自的语言来区分。此外，像“德国哲学”和“法国哲学”这样的形象需要各种各样的再解释才能浮现出来。在前面的对话中，通过对“法国哲学”的再解释，“德国哲学”进入了人们的视野。在这种再解释中，它很明显设定了一种非常特殊的形式，完全不同于在其他话语中展现的“德国哲学”。

那么，“德国”哲学和“法国”哲学是什么？当然，不是指它们这样或那样的表象，而是指它们结果的总体性。然而，对于它们是什么，并没有明显的共识。例如，南希注意到在法国大革命期间，法国哲学和德国哲学之间发生了著名的位移。德国哲学以保持了一定距离而著名，形式上是期望或害怕发生另一场革命，或者试图煽动革命。正如巴迪欧所说，这种交错的关系导致了当代“法国”哲学时代的出现，这个哲学时代肇始于与德国思想家的重新接触。像“德国哲学”和“法国哲学”这样的词语描述了一个复杂的群簇，虽然也指向了语言和民族国家，但首先是共有了某些概念和问题，尽管这些形式的范围很广泛。或许这就是为什么它们只有在翻译中才能完全揭示其意义。或许只有在那时，它们才能在真正的结构中出现——而不像在某些讨论中的矫揉造作，也不是那些只相信永恒不变知识的人的道统和教条主义，而是在他们的本质意义上，在作为翻新了他们区分权力的译本中展现出了自己。将一种哲学翻译为另一种哲学，会让其回溯到其本质意义上。通过重复这种区分，哲学得到翻新，重新焕发出活力。它产生了对话，它书写出了当下的哲学。

那么，从法国视角来开展一场关于德国哲学的对话，这意味着什么？这首先意味着展现出哲学的存在，享有它的本质，在讨论共有概念时发展问题。这意味着让思考的实体重新焕发青春。那么，对话就一直是一个问题，一种实践——一个邀请，一封信。